北京市首批重点建设马克思主义学院经费（北京科技大学）资助
中国法学会部级法学研究基础研究重点激励课题资助（项目编号：CLS（2022）J01）

木铎金声：我国法治宣传教育的历史经验与当代启示

杨 扬 著

新华出版社

图书在版编目（CIP）数据

木铎金声：我国法治宣传教育的历史经验与当代启

示 / 杨扬著 . -- 北京：新华出版社，2023.8

ISBN 978-7-5166-6961-7

Ⅰ . ①木… Ⅱ . ①杨… Ⅲ . ①法制教育 – 宣传工作 –

研究 – 中国 Ⅳ . ① D920.5

中国国家版本馆 CIP 数据核字 (2023) 第 160270 号

木铎金声：我国法治宣传教育的历史经验与当代启示

作　　者：杨　扬

选题策划：唐波勇

责任编辑：唐波勇　　　　　　　　封面设计：优盛文化

出版发行：新华出版社

地　　址：北京石景山区京原路 8 号　　邮　　编：100040

网　　址：http://www.xinhuapub.com

经　　销：新华书店、新华出版社天猫旗舰店、京东旗舰店及各大网店

购书热线：010-63077122　　　　中国新闻书店购书热线：010-63072012

照　　排：优盛文化

印　　刷：石家庄汇展印刷有限公司

成品尺寸：170mm×240mm

印　　张：9.75　　　　　　　　　字　　数：150 千字

版　　次：2023 年 8 月第一版　　　印　　次：2023 年 8 月第一次印刷

书　　号：ISBN 978-7-5166-6961-7

定　　价：58.00 元

前　言

　　法治宣传教育是推进全面依法治国的长期基础性工作。法治宣传教育从根本上说是提升全体人民法律素质、法律意识的活动，更是弘扬社会主义法治精神，塑造社会主义法治文化的重要途径。

　　古代中国的法治宣传教育是在官方主导下，民间主体共同参与，通过对国家法律、圣谕等进行宣传，规范人民群众的社会行为，塑造民众自身内在伦理道德方面的价值追求，不断普及法律内容，实现国家社会治理，最终达到对辽阔疆域国家进行统治教化目标的举措。这一时期的法治宣传教育以法律宣传、法律传播为途，达至教化百姓之实。其实，古代法治宣传教育的目标并非普及社会公平正义的法治观念、培育民众的权利意识、构建纠纷解决的法治渠道，而是希望通过法律宣讲活动培育民众对国家法律与政策的内心认同，将民众塑造成服从国家统治的顺民，这与当前推行实施的普法运动在本质上是不同的。

　　具体而论，始自夏商周的法治宣传教育绵延流长，至明清时期已渐臻成熟完善。明清时期的法治宣传教育方式多样，讲读法律内容、公示国家榜文、官方宣讲圣谕、树立申明亭等措施的实施表明法治宣传教育活动是通过国家权力自上而下进行的。通过种类多样的法律宣讲，促使民众了解法律内容，加强民众对国家统治的文化认同，强化国家权力对社会控制的力度。

　　中国共产党在长期的革命实践中，积极开展具有中国特色的法治宣传教育活动，在全体人民群众中积极开展宣传教育，不断结合法治实践，涵养社会主义法治精神、展开社会主义法治理念教育。这对于加快建设社会主义法治国家具有重要意义。

中国共产党领导的法治宣传教育主要包括新民主主义革命时期的法治宣传教育、新中国成立初期的法治宣传教育、改革开放以后的普法运动。中国共产党领导的法治宣传教育经历了从"法制宣传教育"到"法治宣传教育"的发展历程，体现出法治宣传教育理念的重大变化。究其缘由，这是中国共产党遵循人民群众守法意识的形成规律，通过领导国家机构和社会组织，以全体社会成员为宣传对象，旨在引导民众自觉遵守和维护社会主义法治要求的，有目的、有计划、有组织的宣传教育活动。中国共产党在长期的革命、建设、改革实践中进行的法治宣传教育，将执政党意志与政府行为高度契合，其中法治宣传教育的前提和基础便是紧密结合法治实践的经验，这对于加快我国社会主义法治政府、法治国家、法治社会一体建设具有重要的指导意义。

从新中国成立初期的法制宣传运动，到"一五"普法开始后展开的基础性法治宣传教育，在党的领导下，中国人民经历了一次深刻的知识革命和观念革命。通过国家长期实行的普法运动，法律从抽象的理论规则变为具体的实践经验，亿万人民主动学法、知法、守法、用法，依法治国已成为国家治国理政的基本方略。"一五"普法到"八五"普法，这种覆盖范围广泛、手段形式多样、不断深入推进的法治宣传教育，不断推进宪法与法律的广泛宣传教育，促使全社会干部民众的尊法守法意识日益增强，法治素养不断提高，全社会法治化治理水平逐年提升。常年来积极推行的普及法律知识的宣传教育活动，不断提供机会，使人民群众能够全面熟悉并了解国家法律，以及运用法律保护自身合法权益。作为国家基础性工作的普法运动，其产生的社会作用正日益显现，全面依法治国的宏伟蓝图正在发生。

目　录

第一章　导论

习近平总书记在中国共产党第二十次全国代表大会报告中指出，全面依法治国是国家治理的一场深刻革命，关系党执政兴国，关系人民幸福安康，关系党和国家长治久安。因此，必须更好地发挥法治固根本、稳预期、利长远的保障作用，在法治轨道上全面建设社会主义现代化国家。

当前阶段要坚持法治国家、法治政府、法治社会一体建设，需要在全面推进科学立法、严格执法、公正司法、全民守法的基础上，全面推进国家各领域各方面工作法治化发展。全民守法的前提条件是全民知法，因此需要推进全民普法，而这必然要求国家积极推行法治宣传教育。这是马克思主义法治理论中国化在宣传教育领域的生动实践，也是中国式法治现代化的必由之路，需深入传统中国法治宣传教育实践，充分发挥历史的时代价值。

党的十八大以来，以习近平同志为核心的党中央高度重视法治宣传教育问题。2014年10月23日，党的十八届四中全会第二次全体会议上的讲话中指出，要推进全面普法就必须不断增强全民族的法治观念。要始终坚持将全民普法与全民守法当作国家法治国家建设过程中的一项长期性工作。不仅如此，还要将法治宣传教育深入学校，将法治宣传教育纳入国民教育体系之中，遵循规律，不断增强青少年群体的法律意识。要不断规范惩戒性措施的运用，要健全人民群众和社会组织的守法信用记录，不断完善守法诚信褒奖机制与违法失信惩戒机制，通过国家价值导向形塑全社会积极遵守法律，远离违法犯罪的良好社会氛围，使尊法守法的基本要求成为全社会的共同追求与自觉行动。2017年10月18日，党的十九大报告强调，要"提高全民族法治素养和道德素质""加大全民普法力度，建设社会主义法治文化，树立宪法法律至上、法律面前人人平等的法治理念"。

中国古代社会法制发展历史源远流长，不仅在立法领域、司法领域与执法领域形成了独具特色的法制经验，还在法治宣传教育方面受到了不同时期国家统治者和思想家的重视。基于不同阶段不同的历史背景，中国古代社会产生了各种类型、表现各异的法治宣传，体现出整个古代中国社会追寻以法治世、以法育民的国家法治经验智慧。其中宣传教育经验经系统整理与创造性转化，对于当前正在推进的法治宣传教育有值得借鉴的历史价值。[①]

"八五"普法规划明确，全民普法是全面依法治国的长期基础性工作。当前正在推进全面建设社会主义现代化国家新征程，进入新发展阶段，迫切要求进一步提升公民法治素养，推动全社会尊法、学法、守法、用法。因此，需要追溯传统法治发展经验中的宣传教育经验。在最新颁布的"八五"普法规划中提出，要传承中华法系的优秀思想和理念，挖掘中华传统法律文化精华，根据时代精神进行创造性转化，使中华优秀传统法律文化焕发出新的生命力。传统法治社会在法治宣传教育方面的有益经验值得借鉴，同样具有当代价值。这要求人们在习近平新时代中国特色社会主义思想，特别是习近平法治思想的科学指导下，汲取法治宣传教育的丰富历史实践经验，以更多维度视角认识中国古代的法治宣传教育，从而完善当前社会普法体系，落实普法责任制，实现法治宣传教育反哺实践的积极互动。[②]通过总结中国法治宣传教育的历史经验，结合当代中国的普法运动，真正发挥马克思主义法治理论中国化在法治宣传教育领域的重要功能，提升法治宣传教育与普法工作的具体实效，强化法治宣传教育与普法工作在促进全民守法、建设法治社会中的重要作用。

---

① 张晋藩. 中国古代官民知法守法的法律宣传 [J]. 行政管理改革，2020（1）：4-15.
② 郭嘉鹏. 秦人如何普及法律 [J]. 公民与法（综合版），2021（9）：37-39.

第一节　研究意义

从理论层面而言，面对面的法治宣传教育传播方式相对于文字传播而言，是一种更为精准化、更具艺术性的传播机制。国家通过将道德教育的精神融入法律规范，稳定地向民众传达理念，更好地实现政治法律信息的传播与内化。宣教活动是一种自上而下的单向信息传递机制，这种有意识的沟通手段，意在促使民众更好地理解、认同并接受国家传递的法律信息，从而实现"听得懂、能领会、可落实"的良好社会效果。

从现实层面而言，全面依法治国的实现离不开新时代开展的法治宣传教育，这是不断完善国家治理体系与治理能力现代化的必然要求。习近平指出："治理一个国家、一个社会，关键是要立规矩、讲规矩、守规矩。法律是治国理政最大、最重要的规矩。"[①] 为了更好地贯彻实施"八五"普法的具体方针和内容，《中央宣传部、司法部关于开展法治宣传教育的第八个五年规划（2021—2025 年）》详细规定了"八五"普法的具体指导思想、主要目标、具体内容与保障手段。这些最新的法治宣传实施纲领，提出了当前法治宣传工作的具体要求。习近平法治思想作为习近平新时代中国特色社会主义思想在法治领域的集中展现，明确提出要实现中华优秀传统法律文化的创造性转化。中国很多传统法治宣传教育经验成了当代法治宣传教育本土资源。

---

① 中共中央文献研究室.习近平关于全面依法治国论述摘编 [M].北京：中央文献出版社，2015：12.

第二节 研究内容

宣讲是具有中国特色的组织沟通技术。在政权组织内部的沟通过程中，宣讲旨在使地方更好地贯彻中央的各项决策内容。在政权组织与社会力量的沟通中，宣讲旨在通过理论掌握群众，凝聚社会共识，使社会力量成为治国理政的积极性力量。在周期性与多层次的宣讲活动中，宣讲机制增加了国家话语权，确保受众能够真实准确地接收国家宣讲意图。宣讲机制设定了特定的仪式氛围，提升了传播效果。传统中国社会的宣教活动，亦发挥着传播国家意图的重要作用。无论传统中国的宣教，抑或当今社会的宣讲，虽然具体的内容与呈现形式发生了变化，但宣讲的本质却始终保持治理国家与社会的内核要求。

在社会信息传播媒介不断更新的背景下，传统信息传播模式为何在中国社会治理过程中依旧得到广泛运用，传统社会与现代社会的宣教机制如何运行，等等，都是研究法治宣传教育的历史实践需要解决的问题。

从历史维度对法治宣传教育活动进行审视，在古代中国的社会发展历程中，统一的封建王朝都注重通过特定群体成员来宣传讲授国家政策、意识形态与社会主流价值观，以期实现社会教化之目的。从秦汉时期的"三老"、唐代的"俗讲"，到明清时期的各类宣讲活动，不同阶段的统治者非常重视有利于实现国家信息传播、社会控制、道德教化目标的社会治理手段，权力主体借助信息传播潜移默化地实现说服、教化目的。

中国古代社会发展中的不同阶段都重视通过多元化媒介推行政治信息的传播，不同类型，且数量众多的法律信息传播媒介，在古代中国的社会控制中都曾发挥过重要作用。从中国历史上的长期实践来看，国家法律内容能否及时下达地方，政令能否畅通，都直接关系到中央集权体制的国家效能。因此，中国历史上不同时期都注重利用各种传播媒介，以通俗易懂、适宜传播的方式对国家法律内容进行传达与诠释，实现国家的社会控制。

在中国清代前期形成法律宣讲活动相关制度化规定，而其在清代中后期逐渐衰微。20世纪初期新式宣讲兴起，之后作为一种重要的媒介手段经历了起伏跌宕的发展历程，在内容、表达形式方面随着社会变迁顺势演化。法律宣讲本身或许并不存在技术层面的跃进，但整个宣讲过程的演化，其内容、仪式以及传者与受众群体的异变，使它具有了强烈的时代气息，深刻反映了时代更迭、社会结构与社会交往关系之变，进而传达出时代变迁的讯息。

中国社会自传统至现代的法治宣传教育活动，目的均在于使民接受法律，知晓法律内容，正确使用法律。换言之，读法意在知法、用法，终于守法。因此，法治宣传教育本身蕴含着守法的诉求。

习近平在《加快建设社会主义法治国家》中指出："推进全民守法，必须着力增强全民法治观念。要坚持把全民普法和守法作为依法治国的长期基础性工作，采取有力措施加强法治宣传教育。"[①]

关于法治宣传工作，历代都有独具特色的处理办法。在我国的体制中，"普法"是司法行政部门的一项基本工作，从20世纪80年代中期开始推行。这种普法工作主要是通过纸质媒介以及其他各类民众喜闻乐见、易于接受的形式，宣传国家最新制定、与民众日常工作生活密切相关的各种法律规范，以及中央的政策文件和方针精神。

习近平在党的十九大报告中指出："中国特色社会主义文化，源自中华民族五千多年文明历史所孕育的中华优秀传统文化，熔铸于党领导人民在革命、建设、改革中创造的革命文化和社会主义先进文化，植根于

---

① 中共中央文献研究室.习近平关于全面依法治国论述摘编[M].北京：中央文献出版社，2015：91.

中国特色社会主义伟大实践。"① 中国共产党高度重视中华优秀传统法律文化，在中国革命、建设和改革历史实践中，始终继承、弘扬与提升中华优秀传统法律文化。党的十八大以来，我国坚持创造性地运用中华优秀传统法律文化进行国家治理。中华优秀传统法律文化对于当前中国特色社会主义法治理论建设具有重要意义。因此，本书以经世致用为目的，通过梳理与总结传统中国法治宣传教育历史经验，结合当前法治宣传教育实践状况，梳理成功经验、总结失败教训，为当下"八五"法治宣传提供科学指引。

第三节　国内外研究现状

　　传统中国法治宣传教育及其当代价值研究更多是单向度的，或者是对传统中国某个历史时期法治宣传教育活动的概述，或者是对当代法治宣传具体内容的整理与总结、对于传统中国法治宣传教育的历史经验总结等。国内关于传统中国法治宣传教育与当代价值的论著与学位论文也是凤毛麟角。经爬梳史料以及研读相关著述后发现，这种状况出现的原因是学科藩篱的存在。由于法律宣传教育及其当代价值问题涉及领域包括法学、历史学、教育学、马克思主义基本理论等不同学科，因此不同学科基于各自研究视野对相关问题进行了研究。但基于跨学科的研究成果并不多见，对法治宣传教育历史经验的梳理总结及其当代价值启示虽各有侧重，但仅囿于提及，并未深究。

---

① 习近平.决胜全面建成小康社会，夺取新时代中国特色社会主义伟大胜利：在中国共产党第十九次全国代表大会上的报告 [J]. 当代江西，2017（11）：4-28.

因此，对法治宣传教育历史经验及其借鉴的研究在内容与相关资料方面均较为零散，系统化程度也不高。本文关于传统法治宣传教育及其当代价值研究现状的梳理主要依据以下两个原则展开：第一，以学科视野为标准，具体涉及法学、历史学以及思想政治教育等；第二，以问题研究的具体内容为第二层标准，进一步整理与分析国内外有关传统中国法治宣传教育、当代中国法治宣传教育以及历史经验梳理的资料，针对目前国内外学界研究现状形成立体化认知。

一、法学领域的法治宣传教育研究

张晋藩在《中国古代官民知法守法的法律宣传》中认为，中国古代很早就开始推行社会性的普及法律知识的宣传教育活动。自先秦至明清，法律宣传形式多样，覆盖面广，体现了古代圣贤以法治世、以法育民的历史智慧。[①]

宋代在法律推行方面重视士大夫群体的法治宣传教育作用，罗娇娇在《宋代士大夫在法律运行中的作用研究》一文中，认为宋代士大夫在法治宣传教育中发挥了极为重要的作用。宋代官员积极推进法律宣传普及活动，促使更多民众知法守法，将法治宣传教育与传统儒家法律文化紧密结合在一起。具体而言，宋代士大夫法治宣传教育的措施包括：传达和讲谕国家的法律政令、恪守道德梳理守法模范以及劝谕民间息讼。[②]实际分别从立法、执法人员带头守法以及争端解决的不同维度对法治宣传教育在基层社会的渗透问题进行研究。

明代是法治宣传教育制度化的标志性时期，其中朱元璋统治时期的法治宣传教育活动得到了更多的关注。余瑞在《论朱元璋时期的法律宣教制度及其现代启示》中，对朱元璋时期法治宣传教育制度的具体表现

---

① 张晋藩.中国古代官民知法守法的法律宣传[J].行政管理改革，2020（1）：4-15.
② 罗娇娇.宋代士大夫在法律运行中的作用研究[D].郑州：郑州大学，2011.

进行了细致梳理，既包括立法简单明了，便于宣传，及设置特定法律规范，要求官民熟悉法律，也包括通过教化促进民众知法、尊法、守法。① 时永伟在《朱元璋普法活动的法律传播学评析》中，对朱元璋时期法律传播的形式与特点进行了归纳整理，主要包括立法贵在简当、积极讲读传播法律条文、通过反面惩罚进行法治宣传教育以及通过乡村教化实现法治宣传教育。② 徐中玉在《明初法律宣教制度研究》中，同样对明初法治宣传教育制度的具体表现进行了梳理，并提出明初法治宣传教育制度对清朝的影响等问题。③

对于当代法治建设过程中法治宣传教育的新形态——普法问题的研究，王利明在《普法，最需要普及的是什么》中，认为普法活动的功能在于让人们知法、懂法、守法和用法，为法治社会、法治政府与法治国家的建设奠定坚实的基础。具体而言，普法不仅应当做到对相关理念进行传播与弘扬，还要会抓"关键少数"，强化公务人员，尤其是领导干部的法治观念，这是"民以吏为师"的当代演变。另外，也要培育民众的权利义务观念，将普法教育与道德教育结合起来，真正实现对人的行为的塑造。④

二、历史学领域的法治宣传教育研究

周振鹤撰集的《圣谕广训：集解与研究》是研究清代法治宣传教育实态的重要资料。圣谕广训是清朝进行社会教化、法治宣传教育的内容来源，是清朝社会"核心价值观"的集中体现。本书整理收纳了不同版本对圣谕广训的解释著作与上谕奏折。不仅如此，其还囊括了台湾学者

---

① 余瑞.论朱元璋时期的法律宣教制度及其现代启示[D].苏州：苏州大学，2019.
② 时永伟.朱元璋普法活动的法律传播学评析[D].烟台：烟台大学，2019.
③ 徐中玉.明初法律宣教制度研究[D].昆明：云南财经大学，2017.
④ 王利明.普法，最需要普及的是什么[J].中国司法，2017（9）：35-36.

王尔敏教授关于清代圣谕广训的研究成果。①

张涛在《礼法传统中的"象魏悬法"》中，认为"象魏悬法"观念中的法律意涵是逐渐加强的，明清以来的圣谕宣讲与乡约是"象魏悬法"在明清时期的发展，礼法传统中的"象魏悬法"故事被塑造成为今日所理解的普法活动。"象魏悬法"在媒介的加持之下，最终被认为是普法的先声，人们分析了这种现象产生的原因。②

明清以来的乡村教化曾发挥过极为重要的作用，也是学界研究明清法治宣传教育需重点关注的领域。萧公权在《中国乡村：19世纪的帝国控制》中，通过对清代以来乡约宣讲体系的建立、发展及其后期式微的整个历史进程进行梳理，确定国家如何利用乡约体系进行法治宣传教育活动，如何实现对基层民众的社会教化。不仅如此，乡约宣讲体系作为国家社会治理的重要载体，在清朝中后期如何变质，如何难以发挥起初对民众的思想政治教育功能，也是作者试图揭示的问题。③张瑞泉在《略论清代的乡村教化》中，对清代实行乡村教化的主体、方式，嘉庆至光绪时期乡村教化逐渐解体、衰败的具体表现，以及乡村教化日趋废弛的原因进行了分析。④张海英在《清代江南地区的乡约》中，提出乡约是明清时代政府治理基层与道德教化的制度之一。清代的乡约制度较之明代有较大改变，清代乡约的主要任务是宣讲圣谕，并成为一种定期的思想政治教育活动。作者进一步认为，至清代咸丰时期，江南地区乡约的主要职责依旧是宣讲圣谕、教化民众，这是清代江南地区乡约实施的实态。⑤

清末时期的法治宣传教育经历了较为波动的一段时间，并慢慢到了

① 周振鹤.圣谕广训：集解与研究[M].上海：上海书店出版社，2006：7-8.

② 张涛.礼法传统中的"象魏悬法"[J].社会科学，2021（8）：162-172.

③ 萧公权.中国乡村：19世纪的帝国控制[M].张皓，张升，译.北京：九州出版社，2018：7-6.

④ 张瑞泉.略论清代的乡村教化[J].史学集刊，1994（3）：22-28.

⑤ 张海英.明清史评论：第2辑：清代江南地区的乡约[M].北京：中华书局，2020：4.

复兴转折阶段。程丽红在《清末宣讲与演说研究》中，在宏观系统梳理清代宣讲与演说传播基本轨迹与发展规律的基础上，透过这两种语言传播形式在清末的剧烈变革，解释转型时期中国社会结构及人际交往关系之变，分析法治宣传教育对近代民众开官智、开民智发挥的重要作用。[①]林珊妏在《清末圣谕宣讲之案证研究》中，通过对清代法治宣传教育的文本，即圣谕广训的具体内容及其相关法律条文逐条进行梳理，并利用法律宣讲文本中的具体案例进行深入剖析，对其中的故事情节进行细致描述，以进一步呈现清朝的"核心价值观"如何透过法律规范的条文得以实现。[②]这些研究成果都为进一步思考当代中国社会如何将普法思想与精神融入法律规范、融入日常生活提供了历史借鉴的资源。

三、思想政治教育领域的法治宣传教育研究

徐曼在《清代意识形态宣教途径及特点》一文中，认为清代社会进行意识形态宣教的主要场所是以传播儒家正统思想为核心的学校组织之中。不仅如此，清代还存在其他非学校的意识形态宣教路径与场所，包括宗族、乡约之类，其产生与存在的直接价值在于迎合对国家政权合法性理念的要求，并将符合国家需求的伦理道德理念对外传播出去。清朝社会，这种利用多样化宣传手段努力推行的法治宣传教育活动最终获得了良好效果。[③]

高学敏在《中国明清时期法律宣传对我国公众法律教育的影响和启示》一文中，通过追溯中国明清时期的法治宣传教育史，尤其是对这一时期的各类宣教手段与宣教载体，如讲读律令、里甲理讼、讼师秘籍等

---

① 程丽红.清末宣讲与演说研究 [M].北京：社会科学文献出版社，2021：11-12.

② 林珊妏.清末圣谕宣讲之案证研究 [M].台北：文津出版社有限公司，2015：16.

③ 徐曼.清代意识形态宣教途径及特点 [J].河南师范大学学报（哲学社会科学版），2009，36（6）：113-116.

进行解读，寻求对当代社会公众进行法律宣传教育的现代价值。实际对公众进行法律教育时，不仅应关注国家对社会的形塑，还应注意到公众对法律做出的回应。这期间存在合作、妥协，也有冲突，有一致。通过对国家与社会中法律秩序方面的互动进行分析，探究中国民众法律意识在传统社会的形成史。以此为基础，重新反思当前的普法活动所催生当代公众法律教育的正当性与合理性。①

安娜、林建成在《新时代开展法治宣传教育的新思考》一文中，认为新时代开展法治宣传教育，需要在明晰法治宣传教育主要内容的基础上，明确工作重点，抓好重点宣传对象、改进方式方法、深化科学研究与推进队伍建设，从而促使我国法治宣传教育工作进入新阶段。②

法治宣传教育的研究涉及历史学、传播学、法学、马克思主义理论等不同学科内容，通过梳理不同学科领域有关法治宣传教育实践的研究状况，可以观察到不同学科之间存在法治宣传教育研究的交叠，亦各有所侧重。历史学领域的法治宣传教育研究，更加注重不同时期法治宣传教育的具体样态、法治宣传教育对基层社会治理发挥的作用等问题；法学领域的法治宣传教育研究，更偏向对法律知识是如何通过法治宣传教育或法律宣讲文本进行传播的问题，以及法律传播与法治宣传教育的关系问题；思想政治教育领域的法治宣传教育研究，则更加偏重于经世致用、以史为鉴的作用。通过对古代法治宣传教育活动的追溯，探讨当今法治宣传教育过程中应当遵循的中国经验，以及对于法治宣传教育过程中出现的问题应当如何依据中国法治宣传教育的历史经验予以解决。正如习近平在中央全面依法治国工作会议中指出的，要传承中华优秀传统法律文化，从我国革命、建设、改革的实践中探索适合自己的法治道路。

① 高学敏.中国明清时期法律宣传对我国公众法律教育的影响和启示 [J].理论界，2014（4）：173–176.

② 安娜，林建成.新时代开展法治宣传教育的新思考[J].思想理论教育导刊，2019(8)：50–54.

在全面依法治国背景下，在习近平法治思想的全面指导下，法治宣传教育中的优秀法律文化元素会更具理论意义。

第四节　研究方法

一、基于文本的实证研究方法

通过占有丰富的经验材料，可使研究的理论世界与经验世界相连接。博士后课题不仅关注法治宣传教育活动如何制度化，并在法律文本、法律文件中加以规范，还将着眼点放在了传统中国社会法治宣传教育通过法律文本确立的动机与缘由、法治宣传教育规范在社会中的实践状态以及在社会实践过程中不断形成的社会现象之间的勾连上。

博士后课题聚焦法治宣传教育的古今之维，基于扎实的文本史料档案，分析传统中国社会，尤其是明清社会作为法治宣传教育制度化的关键时期，是如何影响国家社会治理的问题；通过对当代社会"一五"普法（1986 年）至"八五"普法的历次法律宣传教育文件的规范性解读，分析当代中国法治宣传教育过程中存在的纵向延续与横向发展问题。通过梳理史料内容，总结历史维度中法治宣传教育的历史经验，归纳有利方法、吸取不利教训，从而为"八五"普法活动在中国的开展提供法治本土资源。

二、社会科学理论方法的引入

本课题利用传播学、社会学、法学等相关学科的研究方法，以量化方式探究传统中国社会至当代社会法治宣传教育方面的成果。通过对法律传播作为社会教化方式的经验进行梳理，总结国家法治宣传教育活动如何真正做到为民众所需，真正做到"普法的终极目标是实现全民守法"以及使法治宣传教育信息"入脑入心"。对上述问题的合理解决皆需要社会科学理论方法的介入。

三、个案研究方法

无论是对既有传统中国法治宣传教育历史经验的总结，还是对当代中国法治宣传教育成果的分析，均需要通过对典型、具体的个案进行深描，才能更加具体地呈现传统法治宣传教育的历史经验及其对于现今法治宣传教育活动的价值。具体而言，只有交错运用微观视角与宏观视角，才能真正借鉴历史经验。

第二章　中国法治宣传教育的历史传统

　　人类社会自产生法律以来，无论是否有对外公布成文的法律，始终存在法律宣讲的社会现象。中国传统文化讲求和谐，中国人追求家庭和谐、邻里和谐、社会和谐乃至宇宙和谐。奴隶制时期国家通过在罪犯身体上留下实质性惩戒伤害的刑罚措施实现"以儆效尤"的警示性宣传，后来国家通过颁行成文法律以防范犯罪发生，政府官员也会有意识进行法律宣讲。国家坚持通过道德层面的社会教化与法律层面的宣传教育，维护并巩固社会秩序。其中，法律层面的宣传教育发挥着重要的社会治理功能。

　　在中国古代社会，法律宣讲活动经常以社会教化的方式进行，官方是社会教化活动的主导，这对整个国家的稳定发展具有极其重要的作用。究其缘由，这种官方教化在维护政权合法性、正当性以及稳定社会秩序方面具有强大的影响力。因此，法律宣讲在历朝历代皆受到统治者的高度重视。国家法律宣讲经历了逐步完善、日益体系化的过程，直至封建统治的鼎盛时期，还出现了国家统治者亲自编纂的"教民榜文""圣谕广训"等教民化俗的宣传文本。封建社会通过国家推行的法律宣讲活动要求官民定期诵读学习其倡导的"核心价值观"，这也是国家在意识形态方面做出的积极努力，其中不乏当今中国社会推行法律宣讲活动值得借鉴的历史资源。

　　本部分通过对中国古代法律宣讲的历史溯源，考察在历史发展进程中法律宣讲体现出的历史特点，细致梳理中国古代法律宣讲的脉络，观察法律宣讲在中国不同时期的兴衰变迁史，从中发掘中国古代传统法律宣讲的传统法治资源，为中国式法治现代化建设提供历史经验。

第一节　悬法象魏：先秦时期的法律宣讲

先秦时期的法律宣讲多以象征性的惩罚性警示为主，以悬法象魏、木铎传法、颁法于乡、聚民读法、执旌布宪等制度和春秋成文法公布运动为代表，并在战国时期的变法改革运动中达到高潮。①这段时期的法律宣讲呈现一定的思想深度与实践力度，为后世法律宣讲的发展奠定了重要基础。

早在夏朝的禹时期，就已出现最原始的社会教化活动。禹任命契为司徒，执掌教化。舜还命夔任"典乐"之职，和人神。此后，传统中国的法律宣讲制度逐步形成。虽然夏商时期，法律宣讲活动已见端倪，但是真正设立专门进行社会教化的官员和机构是从西周开始。西周时，各地设"乡师、乡老、乡大夫"，他们的主要职责便是执掌地区的教育、监察与政教等事宜。因此，中国上古传说时期就已出现社会教化活动，法治宣传教育在中国有着悠久的历史传统。

《尚书·胤征》曾记载："每岁孟春，遒人以木铎徇于路，官师相规，工执艺事以谏，其或不恭，邦有常刑。"《左传·襄公十四年》对"木铎传法"进行解释："故《夏书》曰：'遒人以木铎徇于路。官师相规，工执艺事以谏。'正月孟春，于是乎有之，谏失常也。天之爱民甚矣。岂其使一人肆于民上，以从其淫，而弃天地之性？必不然矣。"《周礼·秋官司寇·小司寇》中亦曾说道："正岁，帅其属而观刑象，令以木铎曰：'不用法者，国用常刑。'"郑玄注曰："正岁，谓夏之正月。得四时之正，以出

---

① 张晋藩.中国古代官民知法守法的法律宣传[J].行政管理改革，2020（1）：4-15.

教令者，审也。古者将有新令，必奋木铎以警众，使明听也。木铎，木舌也。文事奋木铎，武事奋金铎。"丘浚在《大学衍义补》"顺天时之令"中也说道："令之木铎，使有耳者所共闻，欲其入于耳而警于心。"

"木铎传法"的历史记载表明，先秦时期的统治者每年在正月期间会派出了解民情的使臣震木铎于途，宣讲法律，使其传播于四方，使民众知晓。宣讲内容既包括固定的"常宪"，也会有新颁布的法令。同时，这种形式亦可谏告为君者，不可有违常法，肆意虐民。除了以木铎宣传国家法令，使民知法敬法，还可采取"悬法象魏"这一象征性法律宣讲方法，使民畏惧刑罚之严苛，从而不敢随意触犯法规。《周礼·秋官司寇·大司寇》中曾说道："大司寇之职，掌建邦之三典，以佐王刑邦国，诘四方。……正月之吉，始和，布刑于邦国、都鄙乃县刑象之法于象魏，使万民观刑象。挟日，而敛之。"其中所言"挟日，而敛之"，就是悬挂十日后，将刑象收回。《周礼·秋官·布宪》也有类似记载："布宪掌宪邦之刑禁。正月之吉，执旌节以宣布于四方。而宪邦之刑禁，以诘四方邦国，及其都鄙，达于四海。凡邦之大事合众庶，则以刑禁号令。"丘浚在《大学衍义补》卷一百七"顺天时之令"中进一步解释道："正月既布于象魏，县于门闾、都鄙、邦国，然恐其奉行之者不必谨，或有废格而懈弛者，于是设布宪之官，每岁自正月始遍巡天下，自内而至于外、由近而至于远，内而方国，外而海隅，无不至焉。"

所谓"象魏"，就是先秦时期皇帝、诸侯宫门外的高大建筑，其上经常会悬挂教令、法律之类的文书。除象魏以外，还会在"门闾""都鄙""邦国"悬挂刑象，为了防范地方官员懈怠于针对民众进行法制警示教育活动，还曾专门派出官员，即宣传国家法律的"布宪之官"遍巡天下。由此可见，中国古代统治者曾希图利用象征性的刑象以警示百姓，使其不敢触犯法纪。

无论是木铎传法，还是悬法象魏，都是先秦时期较为简单且直观的法律宣传手段。前者在于使百姓了解法律内容，后者在于使百姓感受到刑罚之可畏。尽管这种方式简单、直观，但也说明了统治者对于百姓知法守法的重视，且其专门设置官职令负责此事。同时，西周时期还另行组织官僚讲读悬挂的法令，通过"悬法象魏"将法律向公众发布，与此同时组织法律宣讲活动，让官员进行学习观读。西周时期的法律宣讲活动初步制度化。

随着西周时期的礼法文化失去约束力，新兴地主阶级试图打破贵族垄断国家权力的现状，要求对外公布法律，维护自身的权利。《左传》昭公六年记载"郑人铸刑书"，郑国执政者子产"铸刑书于鼎"，打破了过去"临事制刑，不豫设法""刑不可知，则威不可测"的旧传统。这种"铸刑鼎"的做法对于春秋时期的法律宣传教育具有促进作用。同时，这种公布成文法的方式打破了法律的秘密状态，使百姓不仅知晓了法律规范的具体内容，还进一步了解违反既定法律规范应受到的具体惩罚，发挥预防犯罪的社会效果。这一时期以公布成文法的形式进行法律宣传，使百姓既了然了法律规范的内容，也明确了何种行为触犯法律以及应受到的法律制裁，这种法律宣传较之"木铎传法""悬法象魏"，无疑又向前进了一大步。

至战国时期，法家学派主张向全社会公布法律。韩非曾在《韩非·难三》中言："法者，编著之图籍，设之于官府，而布之于百姓者也。"既然要将法律公布于众，就应该保证其稳定性和统一性，确保官吏和民众能够有所依循。商鞅变法时就曾积极进行法律宣传，以使官民皆能知法、执法、守法。当时社会就曾出现过"妇人婴儿皆言商君之法"的盛况。这一时期国家法律的宣传教育要求官吏明法懂法，依法行政；要求民众百姓懂法守法，并以此监督官吏的不法行为。百姓懂得法律，就会遵守法律，遇到官吏非法侵犯自己的利益时，就能以法律武器维护自己的权益；官吏知道百姓懂法，也就不敢非法行政以侵犯百姓的利益。① 这

---

① 朱红林.战国时期国家法律的传播：竹简秦汉律与《周礼》比较研究 [J].法制与社会发展，2009，15（3）：19-125.

充分说明广泛进行法治宣传教育是为国家政治法律改革服务的一项重要措施。

　　综上所述，《周礼》的记载虽有些过于理想化，但也表明了先秦时期法律宣讲的体系化程度。春秋时期以铸刑书、铸刑鼎为代表的成文法公布运动，将法律公布于天下，为法律的传播普及提供了可能，提高了先秦时期法治宣传教育的实际效果。①

第二节　刻石纪法：秦汉时期的法律宣讲

　　秦朝是法令体系发展的奠基时期，这时出现了多种形态的法律传播方式，并作为国家制度被规定在法律文本中。秦朝承袭先秦法家，尤其是商鞅变法的历史实践，注重国家法令对法律内容的宣传与民众规训的教化导向。所谓"以法为教，以吏为师"即是这一时期国家法律宣讲的基本意旨。《韩非子·五蠹》曾言："无书简之文，以法为教；无先王之语，以吏为师。"②所谓"以法为教"，即是以法律为对民众进行社会教化，从事宣传教育的主要内容，民众必须遵守国家法令，否则就要受到刑罚惩戒。所谓"以吏为师"，即是对于国家法律内容及其法律精神的传授要以统一专业的人员负责向民众进行传播。（脚注不变）湖北云梦出图的秦朝简牍在"法律答问"中就有秦朝官员以问答体对当时的国家法律内涵及其精神实质进行诠解的记载。

---

① 臧知非.秦"以吏为师、以法为教"的渊源与流变 [J].江苏行政学院学报，2008，"（4）：124-130.

② 韩非.韩非子 [M].高华平，王齐洲，张三夕，译注.中华书局，2007：265.

　　具体而言，在睡虎地秦墓出土的南郡守腾《语书》中就曾要求"故腾为是而修法律令、田令及为间私方而下之，令吏明布，令吏民皆明智（知）之，毋巨（距）于罪"。南郡守腾要求所作法令由吏明示公布，实现尽人皆知的社会效果，从而使民众免于犯罪。在岳麓秦简中也有"谨布令，令黔首智（知），毋巨（距）罪"这样的相似认识。在上述记载秦朝法令的简牍文献中，法律的制定者都要求各级官吏妥善公布法令，使百姓能够在充分了解法律内容的前提下，自觉遵守国家法律，并指出国家公布法律的直接目的就是要使民众避免陷入犯罪的泥潭。

　　秦朝的法律宣讲措施除了明确指出法令需公布，民众需知法，以免犯罪外，还明确指出"抓关键少数"的重要性。无论是其他官吏还是百姓，对法令的疑问都由统一负责法令的官吏解答，以确保对法律内容认识的正确性与统一性。同时，鼓励百姓向法官询问法令内容，最终是要达到天下人人无不知法的目标。人人知法意味着不仅要实现人人守法，还要让官吏知晓民众了解熟悉法律内容，从而不敢肆意使用法律规制徇私舞弊、枉法裁判。唯有如此，才能更好地保护民众利益，维护社会公正。

　　秦朝法律宣讲的方式不仅有官府被动接受吏民的法律询问，还有主动公布、宣传法律，内容丰富多样。《史记·李斯列传》就提到秦朝统一后，皇帝通过刻石的方式，不断宣传法律的内容。如之罘刻石曾记录有："大圣作治，建定法度，显箸纲纪……普施明法，经纬天下，永为仪则。"这些刻石内容涉及法令的细节问题，同时由于这些刻石本身存量较多，且遍及各地，当时在法治宣传教育方面发挥了重要作用。

　　秦朝为了使法律宣讲有效推行还设定了相应的保障措施。第一，秦朝明确对掌握法律信息的人不积极回答百姓法律询问的行为予以严惩。如果吏民询问法律内容，而掌握法律的官吏不予回答，根据法律规定，其就要以吏民询问罪名被定罪，这种处罚方式类似于诬告反坐之法，处罚极其严厉。第二，秦朝通过设置专门的法律来处罚不积极公布法律的官吏行为。如果不公布法律内容，官吏就要接受相应的惩罚。在岳麓秦简所载秦令之中，就有针对官吏不妥善公布法律的罪名——"布令不谨"。其中明确规定，对于没有妥善公布法律的官吏要分别进行"赀二甲"或"赀一甲"处罚。①

同时，秦朝对法律内容的公布也并非简单一读了之，法律还规定了公布法律后的补充、保证措施。岳麓秦简中的一条法律明确指出，在法令公布之后，负责的基层官吏不仅需要在民众中调查效果，进行"回访"，登记户籍时还需在治所所在地重复申明法律的内容。②

为了让百姓自觉遵守统治，汉初采取了"约法三章"的方式来确定法令内容。这种法律制定程序将这种法律制定程序将民众归为法律制定的主体，因此法律的制定势必要为民所知晓，且应当是民众自觉遵循的规则，这也有利于实现民心规训，实现教化民众的社会功能。汉朝确立统治后，法律宣讲的主要载体是通过扁书进行的。所谓"扁书"，即是一种将国家法律雕刻于木板之上，将木板悬挂为民知晓的法律传播载体。通过这种形式，朝廷将民众聚集到特定地点，集中组织开展口头形式的讲读法律的工作，确保法律内容及其法律精神的传播贯彻到位。《汉书·黄霸传》曾载："分部宣布诏令，令民咸知上意"。③ 同时，汉朝以政府官僚为受众群体，兴建学校，宣讲国家法令。

前文已述秦朝法律宣讲的保障措施，其中就有掌握法律的法官若没有及时对吏民询问的法律问题进行解答，就要处以诬告之重罚。也正是因为在秦汉时期的民间社会法律知识有其传播市场，所以掌握国家法律的仕宦之家的成员才会向有需求者传授法律之学。④

其中需要说明的是，在汉朝曾出现过"扁书"这种进行法治宣传的

---

①　陈松长. 岳麓书院藏秦简（陆）[M]. 上海：上海辞书出版社，2020：24.

②　陈松长. 岳麓书院藏秦简（伍）[M]. 上海：上海辞书出版社，2020：158.

③　班固. 汉书 [M]. 北京：中华书局，2012：135.

④　甘肃省文物考古研究所. 居延新简释粹 [M]. 兰州：兰州大学出版社，1988：93.

重要手段。① 以"扁书"为媒介公布法律的有关记载早见于西北汉简，资料颇多，如"……知，令重写令，移书到，各明白大扁书市里、官所、寺舍、门亭、隧堠中，令吏卒民尽讼（诵）知之，且遣郡吏循行，问吏卒凡知令者案，论尉丞、令丞以下，毋忽如律令，敢告卒人……"。这种法律宣传手段即在法律文书后明确要求将文书张悬书写于官府、市场、寺舍等人员来往密集的场所，确保吏民都能了解。

以古代中国普通民众的识字率来说，民众能够轻易看见被张挂的法律并不意味着他们能准确理解相关法律内容的含义。那么，在这种现状下官府又将如何推动民间社会的法律传播，进行法律宣讲呢？其中一个非常重要的途径，就是"令吏民尽诵之"。这表明汉代百姓最初可以通过官吏诵读法律文本以掌握法律大致意涵。在汉代边郡地区出土的文献资料也显示，诵读已经成为边郡地区官对民传播律令内容的基本途径。申言之，法律内容在民间的传播必然成为国家进行社会治理的重要基础。

综上所述，汉代通过扁书这类特殊的传播媒介手段进行法律信息的传播，聚集民众进行法治宣传。汉朝通过扁书这一媒介手段传播国家法律，并聚集民众进行法律宣讲，这实际上是沿袭上古以来的历史传统。通过这种方式，国家法律精神与法律内容可以被正确传达于民间群众，从而减少地方官员随意裁判量的机会，同时也加强了国家对地方社会的控制。②

---

① 朱腾. 秦汉时代律令的传播 [J]. 法学评论，2017，35（4）：182-196.

② 徐燕斌. 汉简扁书辑考：兼论汉代法律传播的路径 [J]. 华东政法大学学报，2013（2）：50-62.

第三节　粉壁榜谕：唐宋元时期的法律宣讲

早在魏晋时期，国家法律《泰始律》在制定后即"抄《新律》诸死罪条目，悬之亭传，以示兆庶"，就是通过在交通要道悬挂公示这些死刑罪名的方式进行民间普及，以警戒民众，使他们不敢犯法。

魏晋至唐，基本承袭了汉朝法律宣讲的传统，但在法律宣讲方式上有一定程度的革新。魏明帝曾创制律博士这一机构，其中主要的工作职能就是传授和保管国家法律。唐朝的律学博士性质依旧是教育机构，同时将律学作为"六学"之一，要求官员必须熟知国家法律。[1] 不仅如此，唐朝设置律学博士的做法也为宋朝承袭，并成为法律宣讲的重要手段。唐朝除了建立专门的官方教育机构外，还设置科举明法，通过科举考试的方式对潜在的为官人员进行早期的法律宣讲。唐朝通过科举考试中明法一科，即有关国家法律内容的考核，选拔官员。唐宋在法律宣传方面，继续沿用"粉壁""板榜"或"刻石"张挂的方式；在宣传地点方面，大多选择人口流动比较密集的场所，如衙署、城门、通衢和寺观等。

此外，唐代法律中直接规定的法律宣讲内容并不多，但却在其他方面有相关安排，且多与道德教化、道德感化相融合。例如，针对官员职责部分，就有规定专门的"宣布德化"[2]，即要求官员在进行法律治理的同时，也要对民众进行道德教化，契合唐朝法律"一准乎礼"的礼法价值追求，这与当代中国社会正在积极推进的德法共治理念有异曲同工之妙。

---

① 李林甫.唐六典 [M].陈仲夫，点校.北京：中华书局，2014：557.
② 李林甫.唐六典 [M].陈仲夫，点校.北京：中华书局，2014：747.

总体而言，唐宋时期依旧通过在人口流动密集的场所悬挂或张挂法令的方式进行法律宣讲。[①] 唐朝国家进行法律宣讲也有其他更加多元的方式，如当时比较流行的"俗讲"，即具有一定社会地位的僧人在寺庙中向非僧人民众进行的法律宣讲。统治者利用这种流行的"普法"方式，对国家法律与当时主流的"核心价值观"进行宣传推广，让百姓在"俗讲僧"的影响下行善积德，实现社会教化的治理目标。

宋朝在法律宣讲方面基本承袭唐制，但亦有自身特色。其中，宋朝法律宣讲的创新之处便是法律信息的传播媒介革新，如邸报、粉壁和榜谕的广泛运用。邸报发源于汉代，彼时邸报大多书写于竹简与绢帛之上，其传送也需要依赖人工手抄，发给外地也要骑马专门传送，便利程度较低。宋朝得益于造纸术与印刷术的普及，信息传播的便利程度不断提高，使得邸报成为当时法律宣讲的一种特色方式。邸报主要刊载国家法律、政策方针以及国家官员人事任职等官方消息，其中包含各类皇帝诏书、司法案件审判与裁判等法律信息。作为宋代官员的阅读刊物，邸报逐步成为对官员进行法律宣讲的重要手段。

值得一提的是，虽然宋朝已经采用了上述邸报等"镂板印给于民间"[②] 的方法，但依旧保留有"粉壁""板榜"或"刻石"张挂法律的法律宣讲传统。为了达到宣传目的，使民众知晓法律，张挂法律地点的选择也比汉唐时期更加广泛，皆是所谓"要闹""要会"或"要害"去处。具体而言，其主要分布在地方州县县衙署门、治所城门、市曹、通衢、驿铺、津渡、邸店以至乡村村落之中，这些场所的共同特点在于它们都是民众日常公共生活的场所，人群集中或往来频繁，便于法律信息的传播，是国家与社会进行有效信息沟通的关键之处。此外，不仅张挂法令、告示、判决和其他具有法律意义的文书，有时还要聚众讲读，保证法律内

① 徐燕斌. 唐宋粉壁考 [J]. 华东政法大学学报，2014（5）145-153.

② 刘琳，刁忠民，舒大刚，等. 宋会要辑稿 [M]. 北京：中华书局，1957：6569.

容和法律精神入脑入心，这些法律文书的内容，几乎涉及民间生活的各个方面。①

所谓"粉壁"，就是经过粉刷、可供书写的墙壁。宋代的粉壁多是官府公布法律政令的场所，北宋末年成书的《作邑自箴》有言："通知条法，大字楷书，榜要闹处晓告民庶，乡村粉壁如法誊写。"②宋朝的乡村地区立有粉壁，"誊写条法"至少是可以确证的事实。③宋徽宗时期，为了推行五礼新仪，各州"将新仪指摘出榜、书写墙壁"。④据此可知，当时为了推行国家法律，多将榜文书写在粉壁之上。杨时在《上渊圣皇帝》中回忆说："自崇宁迄于宣和，宽恤之诏岁一举之，宣之通衢而人不听，挂之墙壁而人不睹，以其文具而实不至故也。"⑤可以看出，在宋徽宗崇宁到宣和期间，有关宽恤的皇帝诏令政策每年都要在墙壁上张贴公布。宋徽宗时期曾在地方大规模修建粉壁，用以公布国家法律这一事实在诸多资料中得到了印证。南宋初期，由于战乱频繁，国家宽恤与平反刑狱的政策与法律没有条件继续在墙壁上张挂公布，但有关官府其他政令的榜文却始终进行张挂，粉壁的功能依旧存续。南宋官箴书《昼帘绪论》中说道："爱民之要尤先于使民远罪。夫民之罹刑，岂皆顽而好犯哉？愚蒙亡知，故抵冒而不自觉，令宜以期条律之大者榜之墙壁，明白戒晓曰：'某事犯某法、得某罪，使之自为趋避。'"⑥此时官府在粉壁上公布的主要是国家的法律条文，明确指出某人因某具体的行为犯了具体的某条法律，适用具体的某种刑罚。以这种具体的案例式讲解使民迁善远罪，并最终实现法律宣讲的社会目的。

---

① 戴建国．宋代刑法史研究 [M]．上海：上海人民出版社，2008：32-40．

② 张元济．四部丛刊续编 [M]．上海：上海书店出版社，2015：29．

③ 高柯立．宋代地方的官民信息沟通与治理秩序 [M]．北京：国家图书馆出版社，2021：79．

④ 黄淮，杨士奇．历代名臣奏议 [M]．上海：上海古籍出版社，1989：27-30．

⑤ 杨时．龟山集 [M]．北京：商务印书馆，1936：78-90．

⑥ 胡太初．昼帘绪论 [M]．哈尔滨：北方文艺出版社，2021：35-38．

宋代不仅利用粉壁公布国家法律，还利用其将公布法律与宣传教化、官员讲谕结合在一起。宋代社会主要通过"谕俗文"推行社会教化，进行法律宣讲。谕俗文主要包括对家庭、家族和乡党伦理秩序的维护，起到了教化风俗的重要作用。地方官员撰写的谕俗文多引经据典，积极宣扬儒家伦理道德观念。具体到利用谕俗文进行法律宣讲，一般通过对外宣示案件审判结果的方式，对民众进行劝化教育。因此，公布词讼条令、约束和官府判决皆有劝谕教化及法律宣讲色彩。①

迄至元代，这种通过张挂法律进行宣传教育的历史传统被保留下来。在"禁夜筵宴例"中即有"行下太原路，遍行所属，出榜张挂，置立粉壁，省谕施行。"②的内容。此外，"盗贼通例"中也有"所在官司多出文榜，排门粉壁，明白晓谕"的字样。在元朝官员的认识中，张挂条例是延续上古"象刑"与"悬法"的固有传统，例文强调通过法律宣讲实现社会教化的功能是"天地生民，各有良心，苟失教养，靡所不为，甚至昏迷为盗，重罹刑宪。原其所自，盖多胁从染习。"宋朝整个社会试图通过道德教化维持社会安定。到元代，法律宣讲已经属于古代中国社会教化的重要环节，体现出了中国自古以来社会教化的应有之意。从"多出文榜，排门粉壁，明白晓谕"的表述中可以看到，内容应属刊刻印刷，否则很难做到挨家挨户宣传法律的程度。这种法律宣讲的要求几至家喻户晓，可见元代法律宣讲的广泛性与深入性。总而言之，元朝国家为使百姓明白知晓法律，免受"不教而罪"的处境，维护社会秩序，而费尽心力。

上述挨家挨户设立粉壁进行法律宣讲的活动是成规模的。下表2-1为针对全国或某一地区所有百姓设立的排门粉壁情况。

---

① 高柯立.宋代地方的官民信息沟通与治理秩序[M].北京：国家图书馆出版社，2021：97.

② 陈高华，张帆，刘晓，等.元典章[M].天津：天津古籍出版社，2011：46.

表2-1　元代有关"排门粉壁"的记载

时间	罪名行为	原文
至元十七年七月	禁约作歹贼人	鉴于江南出现的社会动荡，元朝政府发布诏令："今后作歹的人为头儿处死，财产、人口断没。安主、两邻不首，同罪。这般排门粉壁禁治，更差知军马的官人调度呵，歹人不生。"①
至元二十九年	禁采生祭鬼	湖广行省澧阳县民寥救儿等，将男童卓罗儿打死，分尸祭鬼。元政府下令严禁这种陋习"行移合属，排门粉壁，严行禁治"②。
大德五年五月	禁斫伐桑果树	元朝政府颁布禁止砍伐果树的禁令："遍行随处官司，自今而后，严切禁约，排门粉壁，仍许诸人捉拿首告，将犯人痛行断罪（陪）[赔]偿。"③
大德十年	禁乞养过房贩卖良民	江浙行省鉴于江南人口买卖的盛行"遍行所属，排门粉壁，晓谕"④。
至大元年	孛兰奚逃驱不得隐藏	元朝政府颁布禁令，禁止隐匿逃亡人口："不拣谁休隐藏者，隐藏的每有罪过者。逃走的人拿住呵，转送与他本主者。么道，完泽秃皇帝圣旨有呵，外处行了文字，交排门粉壁了来。"⑤
延祐四年	赌博钱物	元朝政府发布禁止百姓集会、赌博的禁令："近为诸处城邑、村坊、镇店多有一等游手末食之民，不事生业，聚集人众，祈赛神社，赌博钱物，已常遍行禁治……行移合属，排门粉壁，严加禁治。"⑥

① 陈高华，张帆，刘晓，等．元典章 [M]．天津：天津古籍出版社，2011：56.
② 陈高华，张帆，刘晓，等．元典章 [M]．天津：天津古籍出版社，2011：72.
③ 陈高华，张帆，刘晓，等．元典章 [M]．天津：天津古籍出版社，2011：86.
④ 陈高华，张帆，刘晓，等．元典章 [M]．天津：天津古籍出版社，2011：99.
⑤ 陈高华，张帆，刘晓，等．元典章 [M]．天津：天津古籍出版社，2011：55.
⑥ 陈高华，张帆，刘晓，等．元典章 [M]．天津：天津古籍出版社，2011：76.

同时，元代粉壁作为中国古代重要的媒介工具之一，是官民信息传递的重要手段，承担了部分政治宣传的功能①，尤其是法律宣讲的功能。作为疆域辽阔、人口众多、民族成分复杂的统一政权，元朝比较注重利用粉壁宣传法律，维护国家的政治稳定。从现有资料信息看，元朝政府对严重危害国家安全稳定与破坏社会治安的行为，与百姓日常生活密切相关的婚姻、盐法、钞法以及其他政策法律，一般都是采取张榜和粉壁相结合的方式进行普遍性宣讲，提供认识途径让百姓通晓法律内涵，从而自觉遵守法律。

在元代的法律宣讲中，还有利用"红泥粉壁"的特殊方式来警示举止有亏者、罪犯及其家人，其中依旧蕴含着"以儆效尤"的社会教化意旨。对于犯有盗贼行为的罪犯，刑满以后，为了对其进行控制，避免其再次犯罪，元朝政府还规定了以充警迹人和红泥红笔为主的惩罚监督办法。大德五年的一条法律规定："断放强切盗贼，发付元籍，官司籍记，充警迹人。门首置立红泥粉壁，开写姓名、所犯，每上下半月赴官衙贺，令本处社长、主首、邻佑，常加检察，但遇出处、经宿或移他所，须要告报得知。"若有违者，即通过公开行为的方式进行惩戒，令其产生羞愧之心，从而不敢再犯，重回正轨。同时，这样也可以起到普及法律宣讲的社会效果。在中国古代重视道德教化的社会环境中，这确实是用以维护社会稳定的重要途径。这种"红泥粉壁，书过于门"的法律宣讲措施具有以下功能：第一，社会教化的功能，警示行为有损国家道德法律要求之人，敦促其改正恶行，所谓"其人遂改行"；第二，减轻处罚的功能，基于其改正行为减轻其应受之处罚，发挥法律教育功能的同时，也能激发行为者的悔改心意；第三，社会教育的功能，所谓"以儆效尤"，即对于罪犯家人与尚未犯罪之人都会产生劝善远过的社会效果。

---

① 申万里.元代的粉壁及其社会职能 [J].中国史研究，2008，117（1）：99–110.

第四节　读法讲谕：明清时期的法律宣讲

传统中国要想维持大一统体制，能够实现国家长期有效的社会治理，能够维系国家的相对稳定，需要从制度上寻求原因，从已在社会上确立的思想和行为习惯着手。①法律乃国家之大信，是传统中国社会治理的重要手段。中国古代重视通过社会教化培养官吏与百姓的国家正统意识形态，令百姓知法、懂法、守法，预防犯罪。自"月吉读法"传统出现以来，历朝统治者都将社会教化，尤其是讲读律令与圣谕宣讲视为国家治理的重要环节，并通过立法、司法与行政等保障实施。

法律宣讲是落实国家意志的手段，实现社会教化才是核心诉求。广义的教化，是一种理念，体现在国家治理与社会生活中，包含对秩序与稳定的向往与追求。具体而言，教化就是一种使达价值观并进行形塑的过程。通过教化，引导人们的行为与动机，有助于达到既定目的。②明清以来的法律宣讲与社会教化实践极具特色，对中国社会影响最为深远。无论是传统中国的法律宣讲，抑或当代社会的普法宣传，都对中国社会的秩序稳定产生了重要影响。基层民众的法律意识很大程度上决定了法律制度实施的效果反馈，基层民众的法律意识无疑与社会教化体系有着密切关系。③

本部分拟从官民社会教化的内在性需求入手，通过讲读律令与宣讲圣谕的不同社会教化手段，观察规范与实践诸层面的法律宣讲如何形塑

---

① 费正清，赖肖尔.中国：传统与变革 [M].陈仲丹，等译，南京：江苏人民出版社，2012：159.

② 丁坤丽.清代教化研究述评 [J].中国史研究动态，2021（1）：36-43.

③ 张明新.对当代中国普法活动的反思 [J].法学，2009（10）：30-36.

清朝民众对国家的文化认同，社会教化的实施又如何为清朝政治秩序的维系奠定思想统一的基础。虽然教化的内容随时代发展而有所不同，但国家推行教化的决心和努力并没有改变。

一、官民何以学法：社会教化的内在性需求

清代官箴书中经常出现地方官员将基层民众犯法归因于"愚民不知法"相关的表述。这种"愚民"话语试图说明清朝州县"父母官"对其辖内民众进行社会教化的必要性、合法性与正当性。《清会典事例》中记录的地方社会教化实践中，频繁出现"愚民""愚顽""愚氓"与"蚩愚"的表达。例如，顺治十六年"申明诫谕，原以开导愚氓"，雍正三年"每月朔望，齐集乡之耆老、里长及读书之人宣读《圣谕广训》，详示开导，务使乡曲愚民共知鼓舞向善"，乾隆三年"朕实不忍兵民等之蚩愚不悟，特颁此旨，再行晓谕"，乾隆十一年"朔望宣讲圣谕之后，即以方言谚语，为愚民讲说"，乾隆四十二年"奸淫、斗殴之中，关系伦常，罪名递重，乡曲蚩愚，尤未必尽能通晓"，乾隆五十一年"五城所属地方辽阔，恐乡愚小民，不克周知"，道光十九年"向例各直省地方官，于朔望宣讲《圣谕广训》，俾乡曲愚民，皆知向善"。由此可知，从国家治理的视角观察民众的知法问题，前提在于承认清代地方民众皆为蚩愚之人的现状。不但蚩愚的民众需要知法，而且维护地方社会安定的官吏应熟读法令，通晓律意，履行司法审判之责。

清朝统治者在执行刑事司法过程中独具创意地平衡了满族权威与宋明理学合法性。这在设立"讲读律令"，以及颁布"圣谕十六条"等实践中得以体现。"圣谕十六条"于1670年颁布，其时康熙皇帝刚从鳌拜手中重新掌权。该内容曾被视为康熙在意识形态上的政策，可用于安抚在鳌拜治下遭受迫害的汉族精英。康熙时期颁布的圣谕共计十六条，被视作"儒家道德价值之集大成者""最简明和权威的儒学"。清朝通过皇

帝圣谕的方式将儒家学说为核心的伦理道德转化为一种国家意志，将律令与圣谕文字转化为一种国家治理手段，为实施"以德治国"创造了政治条件。法律规范与道德教化双重手段，通过教化的形式为国家意识形态宣传与政治秩序维系奠定了统一的思想基础。

上述圣谕描绘的世界秩序井然：皇帝的子民遵守法律，避免争讼，尊崇正教，依时纳税，勤务农耕。法律在充斥着儒学价值的公告中是不可缺少的部分，正如皇帝圣谕第八条所言"讲法律以儆愚顽"。圣谕条文指出犯罪的源头——"愚"与"顽"，并以"讲（解释）法律"作为解决基层民众愚顽问题的方法。

具体而论，整个18世纪，清朝皇帝都在持续宣传"圣谕十六条"的内容。雍正二年颁布的《圣谕广训》，将圣谕内容以更浅显的民间话语表述出来，意在更加方便地进行传播。圣谕内容的不断通俗化，归因于民众百姓"愚昧"的现状。乾隆皇帝继位后，下旨要求官员公开宣读圣谕。虽然难以估量公开宣读《圣谕广训》的影响，但是可以确定的是，18世纪清朝皇帝对传播法学知识至更多受众是非常重视的。宣讲的核心诉求就是使"愚民"脱离"愚昧"，实现政治稳定与社会安宁。因此，"愚民"的话语表达虽在整个古代中国一直存在，但在法律宣讲活动中却被充分利用，成为社会教化的重要依据。[1]

二、讲读律令：清代立法中的法律宣讲

全社会知法守法的先决条件，便是法律内容得以传播，吏民皆知晓法律意涵。在古代中国这一超大规模的领土空间，法律的传播既要突破空间阻碍，也要突破语言阻碍，发挥国家意志传播的实效。明清立法中的法律宣讲条款——"讲读律令"的产生，就是为了弥合国家意识形态建设以维持政治稳定与民不知法造成基层社会不稳定之间的张力。

---

[1]　邱澎生，何志辉.明清法律与社会变迁 [M].北京：法律出版社，2019：129.

历任浙江布政使与江西、广东巡抚的李士桢曾指出，官吏平日须讲读律令，习得律意，才能随事审理案件，参详律意。若官吏日常无法做到讲读律令，临到审案亦不仔细参详案情，就会对案件裁判中产生差误，造成案件真凶逃脱法外、无辜之人受累致讼的不良司法后果。包世臣认为知法之所禁，深明律意之人自不犯法，此为"地方造无穷之福，此仆劝人读律之指也。"①

对于律令讲读的重要性，晚清修律大臣沈家本也提过类似意旨的内容："天下之学，必讲焉而后明，矧在专门，义博而科繁，安有不讲而能明者。讲读律令，旧载《吏律》。"②沈家本认为，对于内容繁多且意涵深远的律例之学，唯有讲读明了，才能知悉深意。因此，明朝"吏律"始设"讲读律令"条，以彰显国家教民化俗之意图。③

三、圣谕宣讲：清代司法中的教化实践

人类社会生活的历史经验表明，无论身处哪个时代，法律产生以后，不论其调整的是何种性质、何种形态的社会关系，都要经历为人所知、为人所用的环节，才能达到创设的目的。不论对守法者，还是执法者，法律宣讲的地方实践都是十分重要。

以各级官府为主导进行的社会教化行动，当属每月举行的圣谕宣讲。

---

① 包世臣.齐民四术[M].潘竟翰，点校.北京：中华书局，2001：229.

② 沈家本.寄簃文存[M].北京：商务印书馆，2015：201.

③ 清初律学家薛允升曾对明律"讲读律令"产生的缘由进行阐释。薛允升认为，曹魏时期设置的律博士，是专司讲读律令之职。随着隋文帝将律博士停废，导致"律罢而律学微"，此即"讲读律令之所以特立专条也"。沈家本也曾发表过看法，即"此条唐律无文，盖自元废律博士之官，而讲读律令者，世道无其人，明虽设有此律，亦具文耳。"他提出，"讲读律令"条的产生虽因律博士之废，但该条产生后的社会效果是"具文"，并没有真正发挥作为法律规范的实际效用。以上二位皆清代律学家，皆对《大明律》"讲读律令"条的产生原因与社会效果进行了评价。薛允升.唐明律合编[M]怀效锋，李鸣，点校.北京：法律出版社，1999：200.

《圣谕广训》是康熙、雍正两朝皇帝亲自编写的有关社会行为规范和为人德行的书籍。从清代大量的地方志资料可以看出，几乎所有儒学、书院的藏书中皆有《圣谕广训》一书。① 其将蕴含教化意义的圣谕宣讲与法律制度结合在一起，达到官方社会教化与法律宣传的双重目的。针对不同类型的群体，要采取不同的信息传播手段。针对不识字的民众，常以配图、歌诀的形式宣讲圣谕，使其了解法律；针对士人群体，要鼓励他们阅读法律典籍与律学文献，促进其对法律理念的习得。② 康熙时期任浙江巡抚的陈秉直在宣讲圣谕手册《上谕合律乡约全书》序言中明确指出，宣讲圣谕就是化民成俗的根本途径。③ 通过对社会教化形态进行分析，可了解清代国家治理的多元样貌。

明太祖朱元璋于洪武三十年颁布"圣谕六言"④，鼓励以六言圣谕为基础，巡行乡里、教化地方，而此即成为清朝圣谕宣讲的源起。⑤ 清朝不仅拥有维系国家制度运行和社会治理法制化的讲读律令⑥，还有上到朝

① 黄书光.中国社会教化的传统与变革[M].济南：山东教育出版社，2005：209.

② 这些书籍包括陈秉直的《上谕合律直解》、李应珏的《圣谕便讲附律》等.

③ 一凡藏书馆文献编委会.古代乡约及乡治法律文献十种[M].哈尔滨：黑龙江人民出版社，2005：268-269.

④ 内容包括："孝顺父母、尊敬长上、和睦乡里、教训子孙、各安生理、毋作非为."

⑤ 传统中国社会向基层下达政令多通过乡约制度。乡约制度最初仅有教化功能，后来逐渐拥有辅助国家进行社会治理功能。顺治九年（1652年）清世祖依明太祖的圣谕六言，颁行《六谕卧碑文》，再于顺治十六年（1659年）设立乡约制度，地方开始每月朔望讲解六谕，此为遵循古代木铎传法制度，并师法明代乡约教化的政治控制手段，成为清朝社会治理的既定模式。康熙九年（1670年）清圣祖颁布了《圣谕十六条》，雍正二年（1724年）清世宗诠释康熙圣谕十六条，予以通俗化，而成《圣谕广训》，雍正七年（1729年）又进一步谕令直省各州县乡村设立讲约所，实施每年朔望宣讲《圣谕广训》的地方制度。这套制度规范持续到清末民初，成为后世常言之"清代的圣谕宣讲"。

⑥ 林乾.清朝法律的重构与国家治理效能的强化[J]政法论坛，2022，40（2）：87-99.

廷、下至乡党的对民众进行教化的宣讲制度。①清代圣谕宣讲在基层的传播，教导民众基本的法律内容，以儒家伦理价值加以规劝，并在讲解律例时告知民众，若违反此条当有何罪，受何种惩罚，以发挥国家社会教化宽猛相济的社会效果。

顺治九年颁布《钦定六谕卧碑文》，相关内容较明朝有所损益。纵览整个清朝法律宣讲活动的发展，除讲读律令外，最重要的即为圣谕宣讲，而圣谕宣讲内容的发展主要集中在顺治至乾隆的清前中期。②

对于明清圣谕内容的演变，有学者进行了详细梳理，发现既有传承之处，也有扩展、延展的地方。从圣谕内容本身而言，无论是明朝的圣谕六言，抑或清朝的圣谕十六条，皆延续了"个人与社会"的乡土秩序，但二者亦有所区别。明朝圣谕着重强调民众在家庭和社区层面要循规蹈矩并承担责任，并未强调民众与统治者和国家的关系。在圣谕十六条中，个人家庭领域延续了明六谕的意识形态，但明显更强调民众对国家法律秩序的遵守与政治上的服从。③圣谕以血缘关系作为法律宣讲的核心，肯定孝是治家理国的核心要素；以血缘为发端，确定宗族与乡党的作用，最后是以农桑生存、教育生民与社会安宁为主的民生社会秩序。这是基于乡土社会秩序不断向外延伸的社会治理结构。明清的圣谕内容倾向强

---

① "每遇朔望两期，州县官务须率同教官、佐贰杂职各员，亲至公所，齐集兵民，敬将圣谕逐条讲解，浅譬曲喻，使之通晓"。郭成伟.官箴书点评与官箴文化研究 [M]. 北京.中国法制出版社，2000：107-126.

② 《圣谕十六条附律易解》的序言中有："顺治元年（1644 年）世祖章皇帝抚有中夏，曾于顺治九年（1652 年）钦颁六谕曰：'孝顺父母、恭敬长上、和睦乡里、教训子孙、各安生理、无作非为。'圣祖仁皇帝衍之为十六条，及雍正二年（1724 年）世宗宪皇帝又颁发圣谕广训万言谕，所以教训尔军民者委曲详尽无微不至，伏思世祖六谕，尽在圣祖十六条之中，而世宗广训万言，即所以发明十六条之理。"

③ 张婷.法律与书商：商业出版与清代法律知识的传播 [M]. 北京：社会科学文献出版社，2022：166.

调避免不法行为的发生。①

　　李应珏的《圣谕便讲附律》中关于大清律例内容的附例最多，但在具体的个别圣谕条文，如"重农桑以足衣食""尚节俭以惜财用""隆学校以端士习"中所列律文并非这类社会行为相关的律例。因此，至少表明清朝的圣谕除了具体规范基层民众行为外，更多进行道德感化，作为社会教化路径的属性更加凸显。

　　清朝圣谕内容中有关道德感化与法律规制相结合的内容，如下表2-2所示。这些内容多涉及家庭伦理、社会秩序、人身安全等方面。上谕十六条多进行孝道伦理的道德教化，但每条教化内容都有繁复且极其细致的法律规范加以支撑。将"法律宣讲"与"圣谕宣讲"结合起来，发挥社会教化作用的是，针对《圣谕广训》的诠释性文献，如《圣谕广训集证》《宣讲集要》《宣讲拾遗》与《上谕合律乡约全书》等。

表2-2　上谕十六条与清代法律互动关系

讲法律以儆愚顽	直接关于法律的部分
和乡党以息争讼，息诬告以全良善	防止讼争
诫窝逃以免株连	针对八旗逃人事件
联保甲以弭盗贼	预防窃盗与社会治安
解仇忿以重身命	防止复仇行为

　　将清朝法律与圣谕宣讲结合起来，并通过社会教化提高国家治理效能，是有清一代进行讲读律令与圣谕宣讲的最终诉求。实际可从央地关系视角出发，以皇帝圣谕文本与乡约宣讲文本为中心，观察清代律例内

---

① 萧公权.中国乡村：论十九世纪的帝国控制[M].北京：中国人民大学出版社，2014：236-241.

容如何有效融入圣谕宣讲，最大限度发挥社会教化的功能。

第五节　因袭革新：清末的法律宣讲

　　清末指的是从 19 世纪 40 年代到 1912 年中华民国成立这段时间，此时可以此窥得清朝前中期与清朝后期不同时期法律宣讲的差别，揭示法律宣讲在不同时期发展的内在规律与必然趋势，探究其生成的社会机理。

　　上文已论及清朝利用圣谕宣讲进行法律宣讲的历史传统，这种绵延有清一代，直至民国以后仍有沿用的法治宣传教育方式，其对象涵盖各阶层与各种族人民。新旧制度的交替不是一蹴而就的，需要经过很长的演进历程。因此，清末的法律宣讲发展态势如下图（2—1）所示。

清朝圣谕宣讲盛衰趋势图

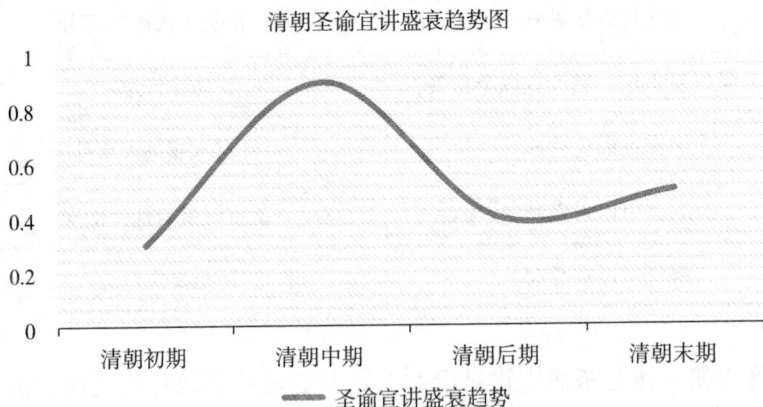

图 2-1　清朝圣谕宣讲盛衰趋势图

　　清朝前中期法律宣讲的发展整体是一个逐渐繁盛的状态，因为在康雍乾盛世背景下，国家有能力、有意愿在意识形态领域加强法律宣讲，推行社会教化并稳定统治秩序。但从清朝中期以后，圣谕宣讲作为法律宣讲的重要方式开始衰落，而且经常出现"具文"。直至清末时期，新式宣讲兴起本部分重点在于阐述这种"衰落—复兴"的社会状况，由此观察社会转型时期的法律宣讲是如何不断进行自我调适的。

晚清以来，随着社会变革的日益剧烈，国家的官方意识形态遭受到越来越严峻的挑战。为了维持官方意识形态的稳定性，清朝后期开始，官员非常重视维持和加强对当时"核心价值观"集中体现的文本——《圣谕广训》的宣讲。例如，嘉庆五年皇帝曾谕旨要求京师地方官员集中进行法治宣传教育活动。[①] 嘉庆十八年同样谕旨各省督抚州县，诚心诚意对民众进行社会教化，务必使法律内容家喻户晓。[②] 道光时期继续秉持前朝旧制，令各省学政到任后重抄《圣谕广训》，让人人诵习。咸丰皇帝以"黜异端以崇正学"一条为例，通过四言韵文的方式，以简练易懂的语言警示民众，使其有所感悟。[③] 这种做法旨在引导民众继续坚守官方意识形态，维持社会稳定。咸丰十一年，上谕内阁："现在各省会教各匪，尚未寝息，亟宜广为化导，以儆愚顽。著各直省将军督抚等恪遵皇考谕旨，将前次刊刻韵文，责成各官绅于学宫书院认真宣讲。并选各学生员分赴城市乡镇，家喻户晓，俾共知名教之可乐。一切诞妄不经之说，无从煽惑，正人心而闭邪说，庶蒸蒸然日臻上理也。其每月朔望宣议圣谕广训，仍照例行，将此通谕知之。"[④] 清王朝在镇压太平天国运动后，重将《圣谕广训》恢复为巩固统治的重要手段。同治四年，上谕内阁："御史贾铎奏，请申明讲约旧例，以正人心一折。我朝雍正年间，颁发圣谕广训。

---

① 会典馆.钦定大清会典事例 [M].赵云田，点校.北京：中国藏学出版社，2019.

② 赵之恒，牛耕，巴图.大清十朝圣训 [M].北京：北京燕山出版社，1998：5067.

③ 具体做法如下："兹特亲书一通，命武英殿勒石拓印，颁行天下，各直省将军、督抚、府尹、学政督饬地方文武官员及各学教官钦遵，宣布无论官绅士庶均准摹勒刊刻，以广流传。"赵之恒，牛耕，巴图.大清十朝圣训 [M].北京：北京燕山出版社，1998：9028-9029.

④ 赵之恒、牛耕、巴图.大清十朝圣训 [M].北京：北京燕山出版社，1998：1077.

通饬各直省地方官。于每月朔望，剀切宣讲，务使乡曲愚民，咸知向善，列圣相承，谆谆诰诫，不啻再三。朕御极之初，亦经宣谕中外，实力奉行，毋得虚应故事。乃如该御史所奏，近来州县官藐视旧章，实不知讲约为何事，以致人心风俗，败坏滋深。不但乡里小民，日趋邪僻，竟有身列胶庠，腼然四民之秀，亦竟离经畔道，而肆无忌惮者。世道人心所关非细。亟应申明旧例，以示率从。著顺天府五城及各省督抚大吏，严饬所属地方官，选择乡约。于每月朔望，齐赴公所，敬将圣谕广训各条，剀切宣示。其距城较远各乡，即著该地方官选择品行端正绅耆，设立公所，按期宣讲。"①清朝中后期维持官方意识形态的基础受到动摇，法律宣讲成为维护统治的重要手段。这个时期，戴鸿慈奏请设置宣谕化导使这种专门从事宣传教育工作的职位，由各省学政兼任。虽未获批准，但这种加强宣谕的指导理念得到了官方的高度认同。②对此，各级政府也积极努力推行，湖南巡抚俞廉三"会同学院柯饬各府厅州县儒学随时亲历城乡宣讲《圣谕广训》《劝善要言》，仰遵迭次谕旨，凡有关民教者，切实开导，并劝令兴修水利、种植等事"。③直隶劝学所于各地设置宣讲所，延聘专人进行宣讲，各村镇地方也应按集市日期，派人宣讲。宣讲内容首先最重要的就是《圣谕广训》，其次便是忠君、尊孔、尚公、尚武、尚实五条教育宗旨。

　　但这种利用圣谕宣讲等手段，宣传国家法律内容以巩固统治秩序的方法也存在一些问题，如宣讲圣谕逐渐僵化、程序化，流于形式，日趋衰落。道光年间就曾有官员认为，朔望之日的法律宣讲活动仅视为虚文，

---

① 赵之恒、牛耕、巴图.大清十朝圣训 [M].北京：北京燕山出版社，1998：1079.
② 法治宣传教育的具体措施包括："饬下各省督抚学政，认真督饬各教官随时亲历城乡，传集绅庶，详细讲解，并将近年叠次所奉谕旨凡有关民教者，切实开导""如有奉行不力者，随时查参，以示惩儆"。
③ 沈云龙.近代中国史料丛刊续编 [M].台北：文海出版社有限公司：367.

听众很少，宣讲之人亦懈怠工作。^① 光绪二年更是针对这种懈怠宣讲的行为提出批评，认为要认真宣讲，敦促各地方官员随时宣讲法律，不得有名无实。^② 晚清士人汤成烈更是直言道："朔望宣讲圣谕，久已视为具文，今并无圜听之人矣。"^③ 当时来华的外国人对通过宣讲圣谕进行法律宣讲的情况进行了记载，"乡约大概只在一些省城中还存在，县镇以下大体都已废弛，而在大城市里，听讲的大多是无赖、乞丐之流"。^④ 上述事实皆反映出圣谕宣讲作为封建时代进行法制宣传教育的手段，作为巩固官方意识形态的主要渠道，已经出现危机。

20世纪初期，与圣谕宣讲极其相似的另一种传播途径悄然出现。虽然从形式来看，这种新式的法律宣讲与传统的圣谕宣讲都是聚众进行，也是由专门人员当众进行讲解，传递信息，施行教化。但是，新式法律宣讲有别于传统模式。这种新式宣讲去除了传统圣谕宣讲那样的繁缛程序以及仪式化的过程，保留面对面的宣传形式，同时也增加了讲报等彰显时代特征的新式内容。因这种宣讲方式方便灵活，所以其迅速向全国拓展。^⑤ 新式宣讲发端于1901年，1904年7月开始进入高峰期。^⑥ 清末全国宣讲所最多时达4 000所^⑦，这已是一个比较惊人的数字，这还不包括数以百计的讲报处。清末时期新式法律宣讲活动迅速发展，对此可以通过区域性的相关记载加以了解。清末时期的法律宣讲活动覆盖区域较

---

① "每见一州一邑之内，不过一二乡约遇朔望之日，循讲约之故事，徒视虚文。及见听之者寡，而讲之者亦怠。"

② "宣讲《圣谕广训》，钜典昭垂，自应认真举办。乃近来各地方官往往视为具文，实属不成事体！著顺天府、五城，实力奉行，并著各直省督抚学政，督饬地方暨教职各官，随时宣讲，毋得有名无实。"

③ 沈云龙. 近代中国史料丛刊 [M]. 台北：文海出版社有限公司，1980：1367.

④ 李孝悌. 清末的下层社会启蒙运动：1901—1911[M]. 石家庄：河北教育出版社，2001：335.

⑤ 程丽红. 清末宣讲与演说研究 [M]. 北京：社会科学文献出版社，2021：64.

⑥ 刘秋阳. 近代中国都市苦力工人运动 [M]. 武汉：湖北人民出版社，2009：108.

⑦ 裴文玲. 清末新政社会教育述论 [D]. 济南：山东师范大学，2000.

广，基本是在文明程度较高，或经济文化较为发达的中心城市。① 其中，阅报社增设宣讲功能，是当时比较普遍的做法。

在时人看来，清末的新式宣讲与传统的圣谕宣讲在方法与形式方面有一定的传承关系，只是讲说内容有所变化而已。相关研究学者认为，"宣讲所"的名称就是沿袭《圣谕广训》而来；而报纸、演说与学校，无论是哪一种"文明普及之法"，都摆脱不了圣谕宣讲的影子。② 关于这方面的认识，李孝悌的总结较为贴切，他认为清末时期的法治宣传教育，看似形式手段有所不同，媒介载体有所创新，但若观察其核心与本质可知，其与传统并无二致，社会教化的目的始终以伦常观念为依归。③

清末时期的官方宣讲所，在基本组织形式、运行机制方面较之以往的圣谕宣讲都有根本性改变，不再具有强制听讲的权威，而且尽管此时的宣讲仍旧包含圣谕以及善恶报应等伦理道德方面的内容，但有关新政、新知、新思的增加，使得此时的法律宣讲活动更具浓厚近代气息。清末法律宣讲的主体人员，也并未完全由官方主导，虽然根据研究显示，在清末 220 余所阅报、讲报所中，官员直接或间接参与的比例有 35.5%④，这种比例已然不小，但显然清末民间的法律宣讲依旧不可小觑。这种情形在清朝中后期已出现。值得注意的是，某些民间的宣讲仍旧保留清朝圣谕宣讲的内容，新式宣讲与传统宣讲相互渗透，并没有完全取代对方，且成了近代社会转型、社会传播领域的特殊存在。因此，变与不变远非截然的分裂与对立，媒介与文化的交互融合无疑是社会转型时期法律宣讲的必然趋势。

正如上文所述，清末的新式宣讲主要包括官方与民间两种类别。官

---

① 侯杰.《大公报》与近代中国社会 [M].天津：南开大学出版社，2006：213.

② 夏晓虹.晚清白话文运动的官方资源 [J].北京社会科学，2010（2）：4–17.

③ 李孝悌.清末的下层社会启蒙运动：1901—1911[M].石家庄：河北教育出版社，2001：66–67.

④ 李斯颐.清季末叶的阅报讲报活动 [J].文史知识，2002（7）：8.

方的新式宣讲主要由政府各级部门创设管理，在设置方面主要遵行光绪三十二年四月发布的《学部奏定各省劝学所章程》，具体规定如下："各属地方一律设立宣讲所，遵照从前宣讲《圣谕广训》章程，延聘专员，随时宣讲。其村镇地方，亦应按集市日期，派员宣讲。一切章程规则统归劝学所总董经理，而受地方官及巡警之监督。"根据这种规定，进行宣讲成为地方官的日常政务。

　　1906 年颁布的劝学所章程，对宣讲时间没有具体规定，因而与传统的朔望时期固定圣谕宣讲相比，清末的新式宣讲在时间方面更加灵活，且宣讲周期明显有所缩短。其中，按日宣讲最为普遍。新式的宣讲虽然废除了清朝传统圣谕宣讲的繁缛程式，更为简便易行，对于宣讲人员和宣讲对象仍然有着相应的规范和要求。林伯渠认为法治宣传教育中的宣讲人员在宣讲过程中必须精神饱满，声音洪亮，能够令听众产生兴趣，并对宣讲人员的活动提出了具体要求。①

　　综上所述，清代的法律宣讲活动从雍正年间的制度化，到清朝中后期的不断衰微，再至 20 世纪初期清末新形式的崛起，作为一种重要的媒介手段，经历了起伏波折的发展历程。具体而言，早在雍正时期作为"清代核心价值观"的《圣谕广训》，便通过民间乡约、官府、学校定期等宣讲形式，得以推广。这时的法律宣讲更多地采用具有某种强制性质的威权手段。清末时期，这种局面发生了改变。清朝政府威权逐渐丧失，即便是官方的宣讲机构也无法再如往日那般强制要求民众接受宣讲内容，若不再刻意经营，极易造成无人光顾的尴尬窘境。因此，为了避免这种情况的出现，清末的宣讲所在宣讲时间、地点的安排，宣讲内容与程式的编排方面煞费苦心，希望达到良好的宣讲效果，这也是清末新式宣讲最基本的做法。清末新式宣讲竭力取悦观众的价值取向，一定程度也表

---

① 原文如下："宣讲员须精神活泼、声音高朗，方足以动听闻而引人入胜。坐讲及俯首照念书报均非所宜。该所讲员坐［座］椅应令撤去，并须先行预备宣讲材料，不得临时俯读书报。"

明了当时社会对人的自由意志以及接受权利的尊重。① 这种新式宣讲与传统圣谕宣讲的根本性不同，就是对旧有传统仪式的摒弃。圣谕宣讲往往有高度仪式化的传播过程，统治者希望通过这种政治符号传达其思想理念。因此，圣谕宣讲要求必须每月朔望举行，而且有严格的仪式要求，每个参与人的走位都被规定得十分明确。清末法律宣讲规制有所变化，宣讲仪式也由繁缛僵化趋向简便灵活。

① 程丽红. 清末宣讲与演说研究 [M]. 北京：社会科学文献出版社，2021：164.

第三章　新民主主义革命时期的法制宣传教育

　　新民主主义革命时期中国共产党领导的法治宣传教育及其实践，对新中国成立后的法治宣传教育产生了非常重要的影响。

　　新民主主义革命时期的法制宣传教育，在李大钊、陈独秀、毛泽东等早期共产党人的领导下，展现出了强大的生命力和广泛的影响力。1922 年 6 月，《中国共产党对于时局的主张》明确提出中国共产党在法制领域的奋斗目标，充分反映了党站在人民大众的立场上推翻反动旧法制、建设革命新法制的革命主张，是中国共产党早期革命法制思想的集中展现，也是中国共产党早期革命法制宣传的主要内容。①

　　在此基础上，中共二大制定了党的最高纲领和最低纲领，并强调党领导下的革命法制宣传的目的是批判半殖民地半封建的法律制度和法律秩序的反动性，论证革命及革命法制思想的合理性，从而动员民众突破旧法制的束缚，团结一切力量反对帝国主义和封建军阀，进行新民主主义革命。

　　中国共产党早期法制宣传教育的对象是工人和农民，以民众利益诉求的反馈为主要内容，宣传教育的路径主要包括报刊、农民讲习所与工人夜校等培训机构，宣传教育的表现形式主要以口头传授、口号宣讲为载体。②新民主主义革命时期中国共产党领导的中国革命实践已经决定了这一时期党领导的法制宣传教育必然服从且服务于革命实践，并与社会主义革命和建设时期的法治宣传教育活动有着本质区别。

　　中国共产党历来重视法制建设，重视对民众进行政治教育，保障人

---

① 饶世权. 党的早期法制宣传教育：1921–1927[J]. 重庆社会科学，2014（7）：82-87.
② 饶世权. 党的早期法制宣传教育：1921—1927[J]. 重庆社会科学，2014（7）：82-87.

民群众的政治权利，而法制宣传教育则是上述目标实现的重要途径。这一时期的法制宣传教育工作主要以目标导向的明确性、学习内容的专业性、实践活动的聚焦性为主要内容，通过发布法律文本内容、推动各类党报党刊出版发行以及进行各类宣传教育活动等多种途径，提高民众法律意识。因此，科学总结新民主主义革命时期中国共产党领导的法制宣传教育工作的历史经验，对于创造性地做好当前法治宣传教育工作，有效提升全民法律素养，具有重要的意义。

第一节　服务革命政权是法制宣传教育的核心任务

法治的基础在民，法律的权威来源于民之信仰，而法制宣传教育工作则有助于全民、全社会形成良好的法律信仰。陕甘宁边区建设时期，中国共产党通过法制宣传教育工作，不断提高革命根据地军民法律意识，推动了边区法制建设发展，巩固了革命政权。

巩固革命政权的前提和基础便是对革命实践的广泛宣传。在这一时期，需要通过广泛的法制宣传教育实践帮助民众形成对革命政权的正确认识。具体无论是土地革命战争时期，还是抗日战争时期，法制宣传教育工作必须服务于革命战争。法制宣传教育工作能够有效发动群众，发挥聚合功能的任务，促进革命实践价值的实现。

法制宣传教育的方针或政策是时代的产物，新民主主义革命时期中国共产党的法制宣传教育工作首要服务于坚持抗战的政治需要。因此，中国共产党提出了"实行抗战教育政策，使教育为长期战争服务"[①] 的主张。法

---

① 毛泽东．毛泽东同志论教育工作 [M]．北京：人民教育出版社，1958：33-34.

制宣传教育的根本原则与根本方针要适应新民主主义革命的政治需求。

土地革命时期，并没有出现"法制教育"的概念，更多是具有较强政治属性的"传达"与"宣传"。这些概念的使用说明法律内容得以不断传播，服务革命实践的追求得以实现。[①]虽然没有使用"法制教育"的概念，但根据地仍然有广泛而富有生命力的法制教育活动。

抗日战争时期，民族矛盾成为主要矛盾。因此，中国共产党领导人民制定的若干法律规定都是为了更好地服务民族革命实践，并以此助力革命实践的胜利。[②]

《陕甘宁边区施政纲领》（以下简称《施政纲领》）是在新民主主义革命实践中，中国共产党人对人民民主政权总章程的探索和实践。围绕对《施政纲领》的学习、宣传和贯彻，陕甘宁边区政府采取了一系列切实有效的措施，并取得了宝贵的实践经验。《施政纲领》自制定和颁布之日起，直至对相关文件内容的宣传与实施，都得到了党中央和毛泽东的高度关注。毛泽东同志不仅亲自参与《施政纲领》的制定，还非常关注《施政纲领》的宣传和实施工作。[③]1941年4月28日，毛泽东就《施政纲领》的发布、宣传等问题，又致信时任中共中央秘书长的任弼时并转边区中央局，要求将《施政纲领》发表于边区刊物上，并印多张广泛散布于边

---

① 1933年12月的《中华苏维埃共和国地方苏维埃暂行组织法（草案）》中明确规定，在"新区"的革命委员会的任务之一是："宣传……工农民主政府的政策和法令。"而1934年1月的《中华苏维埃共和国第二次全国苏维埃代表大会关于苏维埃建设的决议案》中又使用了"传达"概念，其规定："一切苏维埃的法律、命令与决议，都要经过乡苏维埃与市苏维埃传达到群众中去。"张希坡，韩延龙.中国革命法制史（上）[M].北京：中国社会科学出版社，1987：95.

② 《陕甘宁边区抗战时期施政纲领》明确规定立法之宗旨就是："本着拥护团结、坚持抗战、争取最后战胜日寇的方针。"第八条更具体规定各种自由权之目的是"扶助人民抗日团体与民众武装之发展，提高人民抗战的积极性"。韩延龙，常兆儒，中国新民主主义革命时期根据地法制文献选编：第1卷[M].北京：中国社会科学出版社，1981：31.

③ 中央档案馆.中共中央文件选集[M].北京：中共中央党校出版社，1985：640.

区境内及境外，同时要求各级干部人手一张，并将其张贴于通衢。① 另外，他还要求："在群众报上，须为之逐条加以通俗解释。"1941 年 6 月 30 日，中共西北中央局宣传部印制了《陕甘宁边区施政纲领及其解释》，作为县与分区训练班上课的教材使用。《施政纲领》的颁布，得到了陕甘宁边区广大干部和群众的广泛响应和热烈拥护，诱发了学习宣传教育的热潮。为了确保宣传教育效果，边区政府采取统一部署与自主安排相统筹的方式，形成了生动活泼的学习局面，如 1941 年 5 月初，边区政府召开第六十一次委员会，学习讨论"五一施政纲领"。其中，边区政府主席林伯渠就宣传实施《施政纲领》提出了明确要求。与此同时，为切实执行《施政纲领》及扩大宣传，边区中央局召开了直属各县县委书记联席会，商讨《施政纲领》的施行办法。

1941 年 5 月 1 日，《陕甘宁边区施政纲领》在中共中央机关报《新中华报》正式公布。随后，《新中华报》《解放日报》也相继刊登《施政纲领——到群众中去》《切实保障人民权利》《欢迎科学技术人才》等多篇社论，对《施政纲领》的重要意义、具体内容进行了详细阐释和解读，这也是对边区民众进行法制宣传教育的重要途径。据不完全统计，1941 年 5 月至 6 月间，仅《新中华报》《解放日报》刊登的边区各机关、学校、军队、工厂等学习讨论边区"五一施政纲领"的宣传报道就近 30 篇。与此同时，《边区群众报》《解放》等边区出版的报刊以及晋西北抗日根据地等其他抗日根据地的报纸，也相继对《施政纲领》进行了刊载、宣传，形成了浓厚的舆论氛围。

《陕甘宁边区施政纲领》的出版与政府工作报告的对外公布能够促使干部和群众及时了解革命政权建设的真实情况，不断加深群众对革命政权的认识。同时，因革命实践的变化与需要，陕甘宁边区的法制宣传教育对象有了扩大化的倾向，同时因建立民族统一战线的需要，其他阶级也被当

---

① 《陕甘宁边区政权建设》编辑组.陕甘宁边区参议会：资料选辑 [M]. 北京：中共中央党校科研办公室，1985：188.

作团结抗日的对象接受了法制宣传教育。^①这表明抗日战争时期的法制宣传教育对象的扩大化是为了团结一切可以团结的力量，为建立抗日民族统一战线提供法律支持。因此，法制宣传教育对象的扩大正好反映出这一时期的法制宣传教育核心诉求依然是围绕革命实践，服务革命政权。

相较正面法律宣传的手段，通过反面典型警示教育亦是法律宣传教育的重要手段。陕甘宁边区政府非常重视通过"发现典型""解剖麻雀"的方式来发现法制宣传教育过程中出现的问题，寻求短板，以增强法制宣传教育手段的有效性与对象的针对性。例如，1942年延安发生的"学疗人命案"暴露出边区群众普遍缺乏遵守革命法律与革命秩序习惯的问题，为了解决边区法制初创时期的人权保障观念淡薄、刑事冤假错案时有发生的不良现状，通过法制宣传的手段改善边区人民群众人权保障的问题。《解放日报》对该案从发生到终审判决进行了长达半年的持续性跟踪报道宣传，将本案的事实情况、法律适用、判决结果及时公之于众，在宣传典型案件的过程中进行了法制宣传教育。中国共产党利用党报党刊媒介进行舆论引导，及时地推动民众学习宣传正确做法与成功经验的同时，也通过报道揭露出违反《施政纲领》规定的做法及其惩罚，由此提供了现实性的警示案例。通过这种做法，保证《施政纲领》无论在宣传教育，还是实施贯彻方面始终沿着正确的道路，也为革命实践的顺利推进提供了法律保障。

总而言之，中国共产党在新民主主义革命时期的法制宣传教育核心诉求是服务革命实践，为革命政权的建设与抗战动员提供重要的法律保障，培养了忠诚于党，忠诚于革命实践的干部队伍，营造出良好的法制

① 《陕甘宁边区施政纲领》第六条指出，"保证一切抗日人民（地主、资本家、农民、工人等）的人权、政权、财权及言论、出版、集会、结社、信仰、居住、迁徙之自由权，除司法系统及公安机关依法执行职务外，任何机关部队团体不得对任何人加以逮捕审问或处罚，而人民则有用无论何种方式，控告任何公务人员非法行为之权利。"韩延龙，常兆儒.中国新民主主义革命时期根据地法制文献选编：第1卷[M].北京：中国社会科学出版社，1981：35.

氛围，强化了边区群众的法制意识，调动了边区群众参与抗战的主动性与积极性。

第二节　主体与对象的广泛性是法制宣传教育的突出特色

　　新民主主义革命时期，中国共产党的法制宣传教育工作在传播主体与受众对象方面的广泛性与这一时期法制宣传教育具有的革命性紧密相关。无论是在土地革命时期，还是在抗日战争时期，传播主体与对象队伍都得以扩大。

一、法制宣传教育的主体

　　在政权组织系统方面，法制宣传教育的主体是乡、市级苏维埃、革命委员会。中国工农红军各级政治机关是担负法制宣传教育职责的特定组织，最基层的党支部、党小组也是法制宣传教育的主体。此外，还有专门设立的宣传队，进行法制宣传教育工作。其他群众性组织也都不同程度发挥法制宣传教育的作用，如选举委员会承担"宣传选举法"的具体职责。

　　除上述法制宣传教育的主体外，相关政策法规还明确规定干部、党员、团员、积极分子等都具有进行根据地法制宣传教育的职责。①1933

---

① 具体而言，乡（市）苏维埃代表作为个体，负有将上级苏维埃的命令、指示和法律法规传达给其所代表居民的职责，而"村是基层行政单位，……其下设'十家代表'，即每十家工农群众选出一名代表"，代表负责"宣传政府法令"。张希坡.革命根据地法制史[M].北京：法律出版社，1994：187.

年 2 月,《川陕省苏维埃组织法》对村苏维埃的职责进行了明确规定,要求经常组织召开全体群众大会和代表会议,传达上级苏维埃的决议和指令,解决全村发生的问题。① 这种将组织和个人的法制宣传教育责任结合在一起的方式,保证了法制宣传教育的权威性、完整性与系统性。

抗日战争时期,根据地对法制宣传教育及传播主体皆有明确规定。例如,革命根据地法制明确规定:"区公署(所)作为县政府的助理辅佐机构",其主要职权就是"传达"上级命令、法令等。行政村村公所,根据工作需要一般都设有文教宣传部门,承担宣传根据地法制的任务。各根据地对政府干部的奖励条件便是"广泛宣传并具体实行边区施政纲领及政府其他政策法令"②。《陕甘宁边区高等法院对各县司法工作的指示》还规定司法人员承担向普通民众进行法制教育的义务,同时规定奖励的条件就是"广泛宣传,并积极执行施政纲领和政策法令成绩优异者"。

综合以上所述可知,革命根据地法制宣传教育的主体主要包括政府组织中的区公署(所)、行政村村公所、法院、行政机关、教育机关等,它们在各自工作范围内承担相应的法制宣传教育职责。同时,中国共产党组织也是法制宣传教育的主体,而中国共产党员、干部和其他积极分子则是法制宣传教育工作的实际责任者。

二、法制宣传教育的对象

新民主主义革命时期法制宣传教育的对象是人民大众。土地革命时期,《中华苏维埃共和国宪法大纲》使用"劳动群众""劳苦民众"概念,其范围是"工人、农民、红色战士及一切劳苦民众"③。军阀、官僚、地

---

① 四川社会科学院. 川陕革命根据地史料选辑 [M]. 北京:人民出版社,1986:165–166.

② 张希坡. 革命根据地法制史 [M]. 北京:法律出版社,1994:366.

③ 韩延龙,常兆儒. 中国新民主主义革命时期根据地法制文献选编:第 1 卷 [M]. 北京:中国社会科学出版社,1981:8.

主、豪绅、富农及一切反革命分子，不属于法制宣传教育对象的范畴，而属于专政对象。从表面上看，法制宣传教育的对象范围非常明确，实质上却存在"边缘对象"的情形，他们究竟是法制宣传教育的对象，抑或是专政对象，在中国革命的不同时期曾有过争议。①

抗日战争时期，根据法制宣传教育的目的和法律依据，作为法制宣传教育的对象——"大众"，应当是拥护抗日和赞成民主的人，主要是工人、农民和小资产阶级。

普通民众毫无疑问是法制宣传教育的对象，而非普通民众则可能成为法制宣传教育的主体，承担法制宣传教育责任。非普通民众履行自身法制宣传教育主体的职责时，法制宣传教育活动就会变为一种特殊的自我教育。

第三节　革命政策与法律是法制宣传教育的基本内容

马克思主义普遍真理与中国具体实际问题相结合在法制宣传教育工作方面的体现，便是中国共产党引领指导法律宣传、法律解释与法律普及等具体工作，使新民主主义革命时期的法律法规成为真正意义上被普通民众认知的内容，强化民众对法律的信仰。

---

① 1931年《中华苏维埃共和国宪法大纲》第一条对苏维埃共和国目的的规定就是"……团结广大贫农群众在它的周围，以转变到无产阶级的专政。"而在1934年中华苏维埃第二次全国代表大会修改《中华苏维埃共和国宪法大纲》时将第一条修改为："……团结广大贫农群众在它的周围，同中农巩固的联合，以转变到无产阶级的专政。"韩延龙，常兆儒.中国新民主主义革命时期根据地法制文献选编：第1卷[M].北京：中国社会科学出版社，1981：13.

中国共产党在土地革命时期制定了包括《中华苏维埃共和国宪法大纲》等在内涉及所有部门法的革命法律文件。但是，因为法律信息丰富多样，所以无法将全部法律内容详细地传授给法制宣传教育对象——普通民众。于是，中国共产党选择了符合民众日常生活根本需要、符合革命实践强烈需求的法律内容，进行法制宣传教育，并针对不同的法制宣传教育对象确定了内容侧重。[①]

具体而言，随着中国革命的不断发展，土地法律法规也不断发生变化。抗日战争时期，中国共产党对"减租减息，交租交息"土地政策的宣传既是对革命根据地民众进行法制宣传教育采取的措施，也是服务革命实践的必然结果。在婚姻法制宣传教育方面，这一时期主要通过标语宣传婚姻法中的基本法律原则、理念和具体内容。由此可见，中国共产党不仅注重法律信息内容的宣传教育，还重视对法律内容背后法律价值理念的宣传推广，更以普通民众喜闻乐见的多样化方式进行宣传教育，目的皆是提高全民法治素养，为革命实践的顺利开展、革命任务的积极实现奠定扎实的法制基础。

一、　报刊专栏：法制宣传教育的重要媒介

新民主主义革命时期的中国共产党颁布了大量反映人民群众利益的法律、法规，但还需要通过有效的法制宣传教育，积极推动法律的正确实施，培育民众的法律信仰。因此，这段时期的法制宣传教育工作就是令新的法律、新的法规广为民众知晓。中国共产党非常注重利用新民主主义革命时期创建的各类报刊资源等媒介将各种重要的法律、法规公之于众，供广大群众学习。土地革命时期的《红色中华》和《新中华报》，

---

① 针对人民群众最为关心的政治地位、土地、工酬、劳动时间、妇女地位等，重点宣传《中华苏维埃共和国宪法大纲》及苏维埃代表选举法、土地法、劳动法、婚姻法、刑法，其他的法律法规则相对较弱。

以及陕甘宁边区的《解放日报》①都有通过专门设置的法制专栏来进行法制宣传教育的诉求。

《红色中华》自创办之日起，就把国家法律、政策、命令及一切决议作为重要内容，刊载大量法律信息。据统计，《红色中华》刊载各类政府公文共 473 项，其中有关法律内容的条例 35 条，决议文件 47 条。《红色中华》作为"中华苏维埃运动的喉舌"，是土地革命时期发行量最大、传播最广、影响力最强的报刊，也曾开设过若干独具特色的法制宣传教育栏目，包括"临时中央政府文告""临时中央政府训令""问题与答解""法令的解释""苏维埃建设""苏维埃法庭""审判纪实"等。同时，革命根据地时期的重要报刊《解放日报》也曾开设过多个法制宣传教育专栏用于及时报道陕甘宁边区民主法制建设情况。②

其中，《问题与答解》《法令的解释》曾就人民群众普遍关心的土地问题、婚姻问题与劳动问题进行了诠释和回答。图 3-1 "法令的解释"就是针对民众关心的土地分配问题进行的解释，在回复普通民众关切问题的同时也对土地法律法规进行了宣传。

这两个栏目密切关注民众对新颁布法律的疑问与困惑，并通过报刊的形式及时进行公开答复，阐释新法律所承载的新思想和新理念，以及具体实施方法，这样促进了国家政府与社会民众的双向良性互动，有利于树立新法律的权威，也可推动法律的有效施行，最终还为马克思主义基本精神的广泛传播奠定了基础。

---

① 1941 年 5 月 16 日，陕甘宁边区的《新中华报》与《今日新闻》合并为《解放日报》。
② 具体包括"选举简讯""小言论""施政纲领专栏""边区点滴"等。

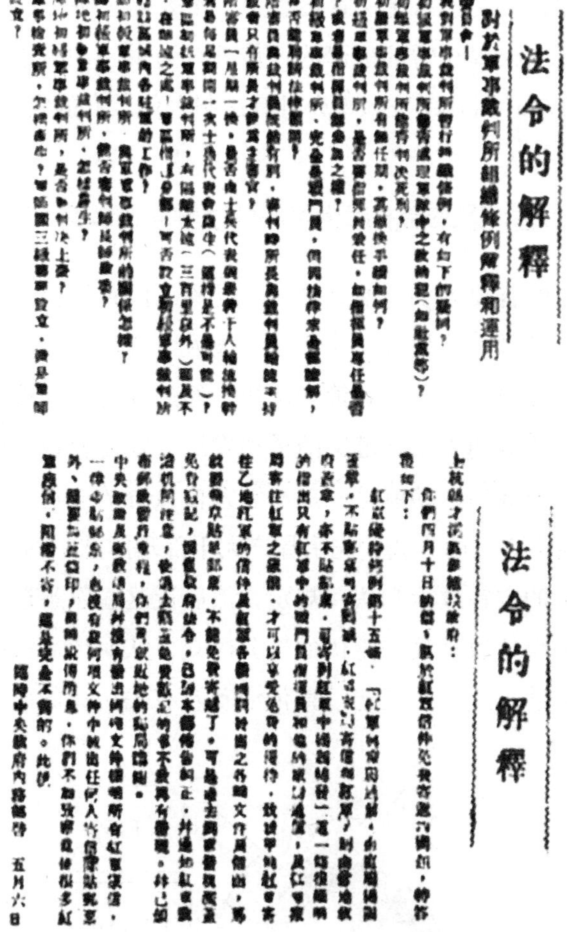

图 3-1 《红色中华》"法令的解释"专栏

据不完全统计，抗日战争时期各根据地发布的法律文件共约 1 150 余份[①]，涉及法律部门众多，囊括了几乎所有法律部门，法律内容数量庞大，信息非常丰富。抗日战争时期法制宣传教育的目的决定了法制宣传教育的主要内容关涉宪法、婚姻法、劳动法以及土地法，并且法制宣传

① 张希坡．革命根据地法制史 [M]. 北京：法律出版社，1994：358.

教育除了宣传法律基本信息外，更重要的是还进行法律基本原则的宣传与推广。因此，下文拟以宪法宣传教育（主要是选举法的宣传教育）以及有关普通民众人权与婚姻法律的宣传教育为中心，阐述中国共产党在新民主主义革命时期利用报刊媒介进行法制宣传教育的实态。

二、选举法：以革命实践为中心的法制宣传教育

选举活动的首要大事，便是进行广泛深入的宣传教育工作。选举的任务和目的，经过宣传教育，才能及时被人民群众深刻理解，选举工作才能有正确的方向。选举的政策和法律，经过宣传教育被人民群众所掌握，选举工作才能朝正确且健康的道路发展。宣传教育工作贯穿选举活动的始终，整个选举活动就是一次法制宣传教育的全过程。宣传教育的模式也遵循逐步递进的方式，先引导广大干部理解选举活动的法律意义，熟练掌握选举的方针政策和法律规定，然后让这些熟悉选举活动与法律法规的干部来宣传教育最先觉悟的部分民众，从而形成法制宣传教育的核心力量，有助于广泛开展选举宣传活动及有关法律的群众性运动（图3-2）。

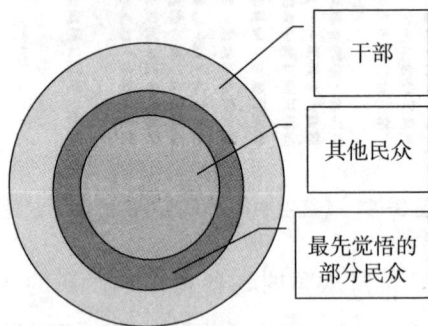

图 3-2 选举法律宣传教育的对象路径

申言之，中国共产党广泛宣传选举相关法律的实践活动，本就是对革命根据地民众进行宪法宣传教育、人权保障的重要措施。具有宪法属

性的文件包括《陕甘宁边区施政纲领》《晋冀鲁豫边区政府施政纲领》《山东省人权保障条例》等。实际针对选举立法进行的法制宣传教育，除了对选举立法条文进行逐条解释外，也采用答解的方式，回答群众提出的疑难与困惑。这是在新民主主义革命时期中国共产党进行法制宣传教育的普遍手段。这一时期法制宣传教育利用的媒介，除了本节提到的报刊专栏，还包括专题出版物、相关选举材料编辑的文字宣传，同时也有利用演说、报告、谈话、座谈会等口头形式进行的法制宣传教育。

陕甘宁革命根据地非常重视编印法律解析类的作品和开辟相关栏目，从而帮助根据地军民更好地理解法律。1941 年边区政府为改选各级参议会发布了第二次指示信，明确提出选举工作涉及的条例、组织章程以及对于选举规范的解释说明工作、对外宣传教育工作，都必须按照规定要求照搬，这个过程本身就是对选举法律内涵的宣传教育，起到了以身示范的良好效果。

陕甘宁边区出版发行的报刊、书籍是新民主主义革命时期法制宣传教育的重要阵地。宣传推广边区民主选举制度，巩固抗日民族统一战线，可更好地服务于抗日革命实践，而中共陕甘宁边区委员会宣传部提出"坚决把抗日的分子复选到边区议会中去，把真正能代表群众利益的代表复选到议会中去"的口号。

1941 年 5 月 21 日，《解放日报》评论文章《施政纲领——到群众中去》最后指出，应将《施政纲领——到群众中去》普遍深入全边区、全人民，深入地传布到每个农村、学校、工厂、商店中去，向全边区的人民解释纲领。[①]

陕甘宁边区除了重视传统媒体，也积极利用当时形式多样、群众喜闻乐见的口头宣传方式。《解放日报》还专门开辟"选举简讯"栏目对革命根据地各县的选举情况进行及时报道，特别是边区各县区的选举情况。

---

① 张希坡. 革命根据地法律文献选辑：第 3 辑 [M]. 北京：中国人民大学出版社，2018：17.

实际宣传教育工作形式多样，如定边开展选举宣传工作的形式主要包括"出版选举街头报；排演选举剧；化装宣传；大量出壁报；编制小调；出版选举漫画"。又如，当时传唱度十分广泛的《选举小调》，其中一段歌词为"民主政治要实行，选举是为了老百姓，咱们要选什么人办事又好又公平，还不要私情。选举不分什么人，男女穷富都平等，自己来管自己事，不许任何人贪污，欺压老百姓"，采用这种通俗易懂的方式唱出了民主选举的意义，不失为一种独具特色，为普通民众所接受的法制宣传教育活动。

陕甘宁边区政府创造性地将法制宣传工作与日常学生教育工作结合了起来。在人们文化程度普遍不高的陕北农村，边区政府为了动员学校师生参与到选举宣传教育工作中来，通过集中培训、搜集相关真实案例等将选举法律的相关内容渗透到了学校日常教学之中。不仅如此，还组织各校教员与学生组成宣传队，通过排演话剧等到农村地区进行法制宣传教育工作。①

三、人权与婚姻法：以人民为中心的法制宣传教育

新民主主义革命时期根据地有关妇女权益保障的法律文件包括《陕甘宁边区抗战时期施政纲领》《陕甘宁边区婚姻条例》《山东省胶东区修正婚姻暂行条例》《晋察冀边区婚姻条例》等不同地区的施政纲领和婚姻法律规范。此外，革命根据地的继承法律法规中也有关于保护女性的条

---

① 刘驰，马成.陕甘宁边区民主选举互动研究——以立法设计和新闻宣传为契入点 [J].四川大学学报（哲学社会科学版），2016（5）：86-92.

款内容。① 在婚姻基本原则的基础上，法律还规定了结婚条件、结婚程序、夫妻之间基于"男女平等"的人权保障② 等。以"婚姻自由""男女权利平等"作为法制宣传教育的重点内容，有利于改变传统中国的理念。这种做法不仅简明扼要，还反映了宪法和婚姻法的基本价值理念，容易被人民群众接受。《解放日报》设置的"小言论"栏目刊载了《保障人权财权条例》《废除买卖婚姻》等文章。这些内容皆表明，新民主主义革命时期针对人权保障与婚姻自主进行了大量法制宣传教育工作。

陕甘宁边区政府和高等法院在具体实践中将《陕甘宁边区保障人权财权条例》与典型案例结合起来，积极普及人权教育。在边区人权条例颁布后，某单位一个重要岗位同志骑马踏坏了群众的庄稼，主人出来干

---

① 在中国共产党成立后的 1922 年 7 月，《中国共产党第二次全国代表大会宣言》和《关于妇女运动的决议案》中明确提出："废除一切束缚女子的法律，女子在政治上、经济上、社会上、教育上，一律享受平等权利。"1923 年 6 月中国共产党第三次全国代表大会通过的《妇女运动决议案》中，提出"保护母性""女子应有遗产继承权"的规定。1925 年 1 月通过的《中国共产党等四次全国代表大会对于妇女运动之议决案》进一步规定，女子不仅应有遗产继承权，还应与男子具有平等的财产所有权。依据上述原则规定，南方各省农民代表大会的决议案也进行了相应规定。例如，1927 年 2 月江西省第一次农民代表大会《农村妇女问题决议案》第十条规定"女子有继承财产权"。在土地革命时期，江西省在 1930 年 3 月通过的《土地问题提纲》中明确规定"女子与男子间有平等的土地权，结婚离婚时，对于自己的土地有完全自由处理之权。"《中华苏维埃共和国婚姻法》规定："在结婚满一年男女共同经营所增加的财产，男女平分。如有小孩则按人口平分。"抗日战争时期，1940 年 8 月《晋察冀边区目前施政纲领》和 1942 年 10 月《晋西北施政纲领》中，皆有"妇女依法有财产继承权"的规定。为了更好地执行该项规定，革命根据地政府还专门制定单行条例或具体执行办法以保障实施。张希坡.革命根据地的财产继承法 [J].西北政法学院学报，1987（2）：72-77.
② 1940 年 11 月，中国共产党领导的山东省临时参议会颁布《山东省人权保障条例》。这份人权保障条例是中国历史上第一部专门的人权保障条例，具有重要意义.其中规定："人民因犯罪嫌疑有逮捕之必要者，其执行逮捕或拘禁之机关，至迟应于二十四小时内移送审判机关。""凡人民因犯罪嫌疑有逮捕之必要者，非持有逮捕状不得逮捕。"韩延龙、常兆儒.革命根据地法制文献选编：中卷 [M].北京：中国社会科学出版社，2013：63-64.

涉，他竟然使用马鞭打人。当上级部门给予处罚并告知其他人与踩踏庄稼的行为是违背人权财权条例时，这位同志不解地问到："什么是人权财权条例？"有鉴于此事的发生，那些生活在穷乡僻壤的广大人民群众，对于人权保障的认识情况更是可想而知。①陕甘宁边区文化落后的客观情况使边区政府认识到，大力推进法制宣传教育是贯彻《陕甘宁边区保障人权财权条例》的必经之路。为了实现这种目标，边区政府组织相关人员编写《人权条例通俗读本》，根据书名便知，是运用简明扼要的文字，以通俗语言详细加以诠释，并将这种文本发放到全国各个地区作为教材使用，扩大人民群众对于人权保障的基本认知。不仅如此，这种人权条例通俗读本要求以大字的形式将相关内容书写在通衢墙壁之上，便于来往群众观看学习，颇有中国古代"排门粉壁"的意味。不仅如此，各个师范学校及中小学日常教学要以人权条例作为教学内容，督促学术在课余时间向家长与邻居解释人权相关内容及其保障手段，扩大人权条例宣传教育的覆盖范围。不仅如此，边区高等法院选择具有典型教育意义的重大案件进行公开审理，以生动形象的审判实践教育广大人民群众遵守法律的重要意义。

雷经天强调要保证人民群众参与案件审判。凡是要民众参与公开审判的案件，都必须与人民群众有密切关系，必须对人民群众具有教育意义。在宁县司法工作报告中就曾对此有过专门论述，认为人民群众如果对于法律内容及其立法精神有高度的了解，就能及时防止合法权益遭受不法侵害。由此可见，保障人民群众的土地所有，保障妇女的婚姻自由，拒绝买卖婚姻，不仅是边区政府积极宣传法律的核心价值，还是对人民群众合法权益，尤其是土地所有权、妇女人权进行保障的重要内容。

陕甘宁边区的人民群众知识水平不高，多为文盲或是半文盲。在这种现状下仅通过文字形式的法律文本进行法制宣传教育，往往收效甚微。

---

① 杨永华.陕甘宁边区法制史稿：宪法、政权组织法篇 [M].西安：陕西人民出版社，1992：135.

因为，人民群众自身知识水平的局限性往往导致其无法很好地理解边区法律革命精神。利用更加通俗化、艺术化且为边区民众接受的方式进行法制宣传教育工作可以解决上述问题。例如，配以图画、音乐、戏剧或舞蹈，边区群众创作出许多秧歌和戏剧。其中，《选举秧歌》中唱到人民群众进行选举必须要注意选举能够为人民群众真正办实事的干部，要深刻理解选举之事同每一位边区人民都有着密切关系，重视选举这一合法参与边区政府工作的事情。这种法制宣传教育的方式既丰富了边区民众的日常生活，又宣传了基本的法律精神，可谓一举多得。

第四节　参与司法的生动实践是法制宣传教育的实现路径

中国共产党法制宣传教育工作的另一突出特点就是实现了真正的民主协商。只有将广大人民群众视为社会治理的主体与法制宣传教育的对象，而非工具，人民群众才会自觉接受法制宣传教育的内容，将其内化于心，外化于行，形成对国家法制的坚定信仰。

中国共产党法制宣传教育的目的是让新民主主义革命时期的革命群众通过对法律内容的认识学习，深入到法律运作的实际状态，感知法律的真实性，认同法律的服务性，信仰法律的生命力，让人民群众从身边的司法实践中，潜移默化地认同中国共产党领导的法制建设。

法制宣传教育最深入人心，最具传播效力的，是通过司法实践令人民群众深刻体悟法律精神、法律内容是如何运用于司法案件的。这种法制宣传教育方式以直观渗透的形式向广大人民群众呈现出法律从书本上的知识转化为具体法律实践的过程，借此展现司法活动的公正性、权威性，以及人民司法为人民的司法价值观念。在司法实践过程中，最具代表性的即为公开审判制度。选择案情重大的、对人民群众具有广泛教育意义的案件，以公开方式进行案件审断，可对人民群众进行法制宣传教育，提高人民群众对法制理念的深刻认识，培育人民群众遵法守法的良好习惯，并且使司法审判暴露在人民群众的监督之下，不断提高司法审判质量，防止案件审断徇私舞弊。上述司法实践本身就是进行法制宣传教育的重要方式，有利于提高民众对于法律的直观认知。

司法群众化的重要途径包括内容上的通俗易懂、程序上的公开审判与纠纷解决上的 ADR 调解。① 促使广大群众参与到边区司法工作中，不仅有利于案件裁决，还是对群众进行法制宣传教育的绝佳机会。

一、通俗易懂：法制宣传教育的内容路径

新民主主义革命时期，中国共产党为了改善和提高法制宣传教育的效果，通过创办纸质读本，如报纸、书籍和杂志的方式来实现宣传教育路径的广泛性与渗透性。其中最具影响力的当属《红色中华》。这些报纸与杂志等都是边区司法活动中最具特色的法制宣传教育媒介。不仅如此，边区法制宣传的载体还利用了诸如墙壁、木板、岩石等固定材料，这些材料在日常生活中随处可见，且具有公开性强、易腐蚀不变形、持续性强等优点，利用这些载体进行法制宣传教育，能够对受众产生长期持续性的良好影响，在传播覆盖范围方面也具有极强的广泛性。举例而言，福建省尤溪县就已经发现在新民主主义革命时期红军战士刻在木板上有关劳动工作时长方面的内容，主要内容包括工人要增加工资，减少工作时间，具体规定了青工、童工每日的工作时长，保障工作合法权益。（脚注 4 保留）这些刻在固定载体上的宣传标语至今仍清晰可见。不仅如此，江西赣南地区的乡村地区，墙壁上仍然至今留存大量新民主主义革命时期法制宣传的标语与漫画。因此，内容方面通俗易懂的前置要件便

① ADR，即替代性纠纷解决方式，英文全称为 alternative dispute resolution。

是法律信息媒介的亲民性与易于接触，这样才能令人民群众主动自觉地了解法律知识，服务革命实践。

法制宣传教育的另一个重要载体便是在新民主主义革命时期各种类别的教育培育活动。中央革命根据地、地方苏维埃政府以及红军根据实际需要与客观现实情况，创办了许多培养干部的学校以及提高人民群众文化知识水平的识字班与读书班。上述这些正式或非正式的教育培训机构所传授的主要内容就包括新民主主义革命时期的重要法制信息。具体而言，1932 年中央人民委员会发布要求，具有一定文化程度的政府工作人员成立读书班，目的就是要以中央政府发布的训令、法令、通令、条例以及《红色中华》刊发的相关材料作为读书班学习的重要素材。① 不仅如此，1930 年初，红七军在右江革命根据地恩隆县平马镇举办培训班，这次培训主要以人民群众关心的土地革命政策与土地法制相关内容为主，培训的内容包括《右江苏维埃政府土地法暂行条例》和《右江苏维埃政府共耕条例》等法律规定，旨在令人民群众知晓这一时期的国家政策。② 由此可知，革命根据地时期的法制宣传教育是以极具时效性的法律文件为蓝本和教材，以教学的方式，通过通俗易于理解的语言使民众理解立法原意，为其更好地遵守法律法规奠定了坚实的认知基础。

抗日战争时期，各革命根据地创办了许多学校，通过学校教育来进行法制宣传教育。不仅创办了正式的边区大学，还有其他各类非正式的教学培训活动。根据《中共中央关于在职干部教育的决定》的要求，干部教育的重要内容就包括各个部门干部必须学习和理解与其部门业务相关联的政策、法令、指示和决定等。这种正式学校教育与非正式教育培训相结合的方式，有助于培育和提高干部的法制意识与为民服务的基本理念。除了对干部进行培训外，边区政府还直接面向边区人民群众开办了相关的宣传教育活动，如通过开办民族革命室，向人民群众讲解有关

---

① 张希坡. 革命根据地法制史 [M]. 北京：法律出版社，1994：220.

② 覃勇. 右江革命根据地土地法制初探 [D]. 重庆：西南政法大学，2010.

抗战的政策、法令，从而为全民加入抗日统一战线，实现革命诉求奠定坚实基础。[①]

新民主主义革命时期的具体法律实施活动同样是法制宣传教育的重要平台。前文已述，新民主主义革命时期中国共产党法制宣传教育的主要内容涉及革命政权与革命群众根本利益相关法律法规，具体包括选举法、国家组织法、劳动法、人权保障与婚姻法等。在这些法律具体实施的过程中，通过严格执行法律规定，以"徙木立信"的方式向民众进行法制宣传教育，以更加通俗易懂的途径告知民众法律的权威，使民众树立对革命法制的信仰。边区政府通过广泛宣传国家法律内容与相关政策，尤其是与人民群众切身利益相关的婚姻法制、土地法制和劳动法制，使得人民群众能够切身感受到新民主主义革命法制为自身日常生活带来的实质性变化，从而更深刻地理解并认同新民主主义革命时期的法制内涵。

这一时期法制宣传教育的形式多种多样，如文字文本形式、口头表达形式、文艺表演形式和美术呈现形式等。这样通过语言、图片等感性途径更加容易将法律信息内容和精神内涵传达给受众群体。此外，演讲、座谈、谈话等口头语言表达形式在新民主主义革命时期的法制宣传教育活动中使用频率较多。

新民主主义革命时期的法制宣传教育通过报纸、杂志等多元丰富的传播媒介，具象化的法律实施活动以及形式多样的法制宣传教育表达，在法律信息对象覆盖度方面已经有了实质提高，但如何确保接受法制宣传教育的革命群众能够从精神实质方面吸收法律知识与法律理念，值得思考。这一时期中国共产党领导人已经意识到，只有基于实际情况，利用人民大众易于理解接受的语言文字进行宣传教育，才能获取预想效果，真正发挥法制宣传教育工作的最大效能。具体而言，毛泽东曾对革命根据地在1931年主办的《时事简报》提出过建议，具体建议内容包括：报

---

① 葛晋平. 中共在抗日根据地局部执政的成功实践 [D]. 太原：山西大学，2008.

纸语言文字要尽可能用当地语言进行表述，以使报刊内容地方人民群众接受；对于其他报纸上摘抄下来的语言文字不够通俗的新闻，要按照阅读习惯进行整体改变；即使对本地土话使用不够熟练，也要尽力用浅显通俗的语言进行报刊文字的书写。上述所有建议的目的都是使边区政策与法律内容和精神能够得到广泛传播，这也是法制宣传教育的应有之意。

抗日战争时期，抗日民主根据地同样也创办过种类多样的报纸杂志，其中就包括《解放日报》《大众报》《抗战报》《靖边报》《民先报》等 20 多种报纸，以及 60 多种杂志。冀鲁豫边区刊发的相关报纸与刊物有数十种之多。抗日战争结束时，边区共有 198 种报刊和期刊。不仅如此，为了更好传播根据地法制精神，将法制宣传教育融入民间生活，边区政府组织人力编写《人权条例通俗读本》，以更为简洁明了且通俗易懂的文字逐条进行解读，并将其发到地方区、县、乡政府和各级群众团体，还要求各级政府将这些解释性文字以大字体的方式刻在各地通衢要道墙壁之上，方便干部群众学习，务必使每位人民群众皆能了解国家人权保障的内容，产生人权保障的自我意识。

其实，针对当时革命群众普遍文化水平较低、识字率不高，甚至存在文盲的情形，新民主主义革命时期的法制宣传教育必须具备较强的针对性，力求语言文字简洁明快。究其缘由，法制宣传教育的口号、标语简单明了，易于理解与传播，自然也便于民众接受。因此，这一时期的法制宣传教育非常重视宣传口号、标语的语言内容。1928 年，湖南省委通告规定的宣传口号是"工厂归工人管理，实行八小时工作制""没收一切土地，分配农民耕种"①。至今仍保留在许多农村老屋墙壁上的标语有"实行婚姻自由，反对买卖包办婚姻""废止童养媳"。1929 年 10 月，红四军前委宣传科编写了《宣传须知》，不仅将标语列为第一个宣传方式，还再次明确了标语宣传需注意的事项。这些特别规定皆是力求法制宣传

---

① 井冈山革命根据地写作组. 井冈山革命根据地 [M]. 上海：上海人民出版社，1977：157.

标语易于识别、易于阅读、易于理解，是新民主主义革命时期法制宣传教育的重要举措。

总而言之，法制宣传教育服务革命的核心任务一直没有发生变化，即利用法制宣传教育团结一切可以团结的力量，积极动员人民群众参与抗战活动，服务革命需要。

二、公开审判：法制宣传教育的实践路径

新民主主义革命时期的法制宣传教育主要通过两种方式进行：其一，是以更加通俗易懂的语言文字，以更加方便人民群众知晓理解的宣传方式，将革命时期的法律内容与法律精神广泛传播出去；其二，是将法制宣传教育落实到革命司法实践的日常工作中，利用公开审判这种程序路径，在开展日常司法事务的同时，对大众进行社会教育，这也是一种非常重要的法制宣传教育形式。

陕甘宁革命根据地创造性地利用"巡回法庭""群众法庭"的形式进行公开审判。这种审判方式不仅依靠群众，还教育群众，接受群众监督，真正遵循了一切以人民为中心的司法理念。司法审判活动独创性地运用了新形式，同时案件判决书力求文字简单，内涵丰富，选词精准，易于传播。在革命根据地时期物质稀缺的艰苦环境下，这种做法既能节约资源，又能精确传达边区法律信息，实现法制宣传教育的目的，巩固抗日民族统一战线的革命政策。

革命根据地时期的公开司法审判，不仅打击了犯罪，还为社会治理发挥了积极作用。通过这种公开的司法审判，民众可以发表意见，当事人双方也可以进行公开辩论，而法官通过援引法律，阐释理由，起到法律普及的效果。比如，延安时期影响颇大的"黄克功案"与"血疗命案"等。

黄克功案件的公审是在陕北公学举行的，人民陪审团由各个党政机关、学校代表以及边区人民群众组成，他们在这次公开审判过程中作为

人民代表进行发言，皆认为本案黄克功逼迫未到适婚年龄的女子结婚，是公开违反边区婚姻自由的基本原则，违反了边区婚姻法的规定。不仅如此，黄克功在本案发生后试图毁灭证据，掩盖事实真相，这种行为罪大恶极，罔顾边区法律，引发的社会影响极其恶劣。边区高等法院依法当庭宣判黄克功死刑，并在宣判结束后，当庭宣读了毛泽东的信函。文中指出，黄克功作为一名共产党员和红军干部，却做出如此卑鄙残忍、失去党员应有立场的行为，如若免其罪行，则无法真正教育中国共产党、无法教育红军战士、无法教育普通的边区群众。本案以法院公开审判的形式，对陕甘宁边区的军民进行了深刻的宣传教育，真正落实了在边区法律面前人人平等的价值理念。随后，《新中华报》1937年10月14日第1版对黄克功案件作了"高等法院日前公审黄克功强杀刘茜案"的报道，对于提升民众对法律的敬畏和扩大法律的影响力具有重要意义。

本案公开审理的另一个原因在于，本案发生在陕甘宁边区政府成立不久，边区群众对于如何正确对待边区军民关系、军人与边区法律之间的问题，以及如何在人民群众心中正确树立并理解法律面前人人平等的精神理念问题，存在诸多困惑，而黄克功案的这次公开审判提为上述问题的解决提供了可行方案。因此，该案的公开审理意义重大。陕甘宁边区高等法院判处黄克功死刑，不仅在于维护边区法律权威、贯彻边区政府法律面前人人平等的法制理念，更重要的是这则判决成为边区司法工作的重要转折点，是边区政府人权保障的开端。通过这起案件的审判，表明边区政府以身体力行的方式表达了边区法律从阶级保护逐渐转向对人权的平等保障，也是中国共产党积极探索国家法治道路的重要里程碑。

三、中国式调解：法制宣传教育的多元路径

ADR（即替代性纠纷解决方式）在降低诉讼当事人的诉讼成本，节约国家行政司法资源，减轻人民法院案件受理压力方面具有重要价值。[①]其实，这种新式纠纷解决方式在中国司法实践的传统中具有悠久历史。调节是陕甘宁边区时期司法实践的优良传统，通过院前调解，将人民群众的纠纷止于法院门前，积极贯彻落实司法为民的基本观念，不仅能够有效解决人民群众的司法纠纷，还能够通过调解活动将边区法律内容传播至民间社会，实现法制宣传教育的司法实践新样态。[②]

司法审判群众化是新民主主义革命时期法制宣传教育的重要特色。所谓"大众化司法"，最初便是从"苏维埃法庭的群众化"开始演变发展起来的。具体而言，这种大众化的司法主要特点是人民群众参与司法审判，如人民作为主体参与的人民陪审制度与人民全程参与旁听的公开审判制度。《革命法庭条例草案》曾规定："在未判决之前，主审应向群众征求对该案之意见。"[③]此外，司法人员组织巡回法庭，"深入基层，深入群众，依靠群众查清案情，迅速及时地处理案件，扩大人民司法教育群众、威慑敌人的作用。"[④]由此可见，司法审判的大众化，其实就是促进人民群众参与司法活动、监督司法审判、广泛参与司法实践，以熟知边区法律内容、法律精神，从而形塑陕甘宁边区法制宣传教育的人民色彩。

"调解为主，审判为辅"的司法实践，是中国共产党对人民群众进行法制宣传教育的重要方式。在这个过程中，不仅需要对陕甘宁边区的法律条文进行解释宣传，还要对当时双方的矛盾进行调解，充分发挥宣

---

① 章武生.司法 ADR 之研究 [J].法学评论，2003（2）：137.

② 章武生.司法 ADR 之研究 [J].法学评论，2003（2）：143.

③ 韩延龙，常兆儒.中国新民主主义革命时期根据地法制文献选编：第 3 卷 [M].北京：中国社会科学出版社，1981：330.

④ 张希坡.革命根据地法制史 [M].北京：法律出版社，1994：470.

传教育的功用。陕甘宁边区曾分别颁布了《关于普及调解的指示》《关于普及调解、总结判例、清理监所的指示信》《陕甘宁边区民刑事件调解条例》，陕甘宁边区高等法院也曾颁布了《实行调解办法，改进司法作风，减少人民讼累》的指示信。

时任陇东专员的马锡五深入人民群众，把案件调解搬到群众家中，使涉及婚姻、土地问题的案件纠纷得以妥善解决，同时又很好地传播了边区政府相关法律精神。其中，最著名的案件包括"封捧儿案"与"丁丑两家案"。以"封捧儿案"为例，马锡五亲自下乡调查案件事实情况，不断梳理案件实情，并协同县司法处前往所在村公开对案件进行审理。①在这次公开审判实践中，案件涉及的婚姻是否存续有效事实问题得到确定，案件当事人受到了警戒，同时案件所在地司法处工作人员和当地百姓也受到了正确的法制宣传教育。

总之，司法活动群众化的法制宣传教育功能通过多元审判制度的执行与完善得以实现。具体而言，新民主主义革命时期的司法制度主要包括人民陪审制度、公开审判制度、就地审判制度、巡回审判制度、公审制度、征求群众意见制度以及具有准司法性质的调解制度。②人民公审是体现审判公开最彻底的方式，一般是选择典型刑事案件，组织一定规模的群众大会，进行公开审判，审理过程中允许在场群众发言，判决应采纳群众意见。

---

① 美国学者丛小平曾对封捧儿案进行过专门研究，并针对案情发展进行了详细阐述。丛小平.自主：中国革命中的婚姻、法律与女性身份[M].北京：社会科学文献出版社，2022：94-204.

② 人民陪审制度，即依法从民众中选取适宜的群众作为陪审员，与审判员共同审理普通民事及刑事案件的制度，陪审员在审判中可以发表自己的意见；就地审判，"是初审机关走出法庭，携卷下乡，联系群众，处理案件，并通过具体案件的处理，进行政策法令宣传，教育群众，增强群众团结和促进生产的一种好方式"；巡回审判，是指司法人员深入基层，巡回受理审判案件的方式，这种审判方式有利于"深入地进行革命法制宣传教育"。张希坡，韩延龙.中国革命法制史（上）[M].北京：中国社会科学出版社，1987：492.

征求意见制度在根据地法制中得到确定是依靠群众司法政策的具体体现。比如，《暂行司法制度》特别规定，这种具备准司法性质的人民调解应当是"邀请基层干部、地邻亲友、公正人士主持与参加双方当事人的说服教育和劝解。……对案情复杂，有典型教育意义的，采用召开群众会解决纠纷的办法"①。不仅如此，在日常司法实践中还会通过其他诸如拘役、训诫等方式进行法制宣传教育。其中，马锡五审判方式是集上述边区司法精神与司法原则之大成，以设身处地之态度体悟人民群众解决纠纷的情感与诉求，并以此向当事人说理讲法，从而引导人民群众树立正确的法制观念。② 这些体现司法实践大众化的审判实践给予人民群众充分参与的机会，不仅能够让人民群众了解边区人民法制的基本内容，还能够使人民群众亲身感受边区司法运用实际状况，真正发挥法制宣传教育的良好社会效果。中国共产党在新民主主义革命时期通过法制宣传教育工作，积极服务革命政权，巩固革命胜利成果，树立民众对法律的信仰，为建立社会主义新中国进行了法律动员。

综上所述，尽管在新民主主义革命时期的不同阶段，中国共产党在法制宣传教育活动中并未直接引用"法制宣传""法制教育"表述语言，更多运用了"宣传政策""传达法令"等泛化概念，但中国共产党领导的法制宣传教育的全过程却时刻体现着"司法为民"的法制革命内涵，这对于帮助广大人民群众形成民主权利意识起到了关键性的推进作用。虽然这段时期的法制宣传教育并未出现便捷化、现代化的宣传载体，但这种接地气、接民心、朴素通俗的法制宣传教育却始终在新民主主义革命时期呈现出强大的生命力、传播力与凝聚力，因此必然会得到广大人民群众的真心拥护。本节通过梳理中国共产党在新民主主义革命时期的法制宣传教育工作，提炼出中国共产党法制宣传教育的宝贵历史经验与当代启示。具体而言，主要包括以下几个方面。

---

① 张希坡.革命根据地法制史 [M].北京：法律出版社，1994：558.
② 张希坡.革命根据地法制史 [M].北京：法律出版社，1994：550.

　　首先，坚持明确法制宣传教育工作的目标，立足于时代的历史使命，以服务革命为新民主主义革命时期法制宣传教育的核心。

　　在土地革命时期，中国共产党的历史使命是动员民众参加革命，以推翻三座大山为核心目标。因此，这段时期"救国"的历史使命必然决定了苏维埃政府的法制宣传教育工作始终要以动员劳苦大众革命，服务革命实践为目的。因此，这个时期的法制宣传教育工作就是要通过广泛开展革命法制教育，使得大众认知、认同苏维埃法律，推动人民大众积极参与新民主主义革命。

　　在抗日战争时期，时代的主题发生了变化，最为核心的历史性问题便是中华民族与日本帝国主义之间的矛盾。因此，这一时期法制宣传教育的目标则是动员一切赞成、支持抗日的人士，团结一切可以团结的力量，形成抗日民族统一战线，坚决进行抗日战争，建立人民的共和国。这段时期法制宣传教育的对象相较土地革命时期更加广泛，而这为建立和巩固抗日民族统一战线奠定了坚实基础。由此可见，新民主主义革命时期法制宣传教育工作总是会以完成革命实践任务为旨归。

　　其次，坚持法制宣传教育工作的对象诉求，立足于对象诉求的反馈，积极进行回应，体现出中国共产党在新民主主义革命时期法制宣传教育的针对性。

　　抗日战争时期，边区政府法制宣传教育的内容针对不同人民群众的利益诉求而有所区别。这一时期的法制宣传教育内容具有强烈的针对性，主要包括三个维度：第一，是针对法制宣传教育要解决的服务革命的核心任务问题，明确法制宣传教育的工作内容。譬如，将土地革命时期"没收土地分给农民"的土地法律修改为"农民减租减息，地主交租交息"；将"苏维埃共和国"的宪政制度修改为"人民共和国"的宪政制度。第二，中国共产党在边区进行了相对较长时间的局部执政，开展了政权建设工作。抗战前期为争取政权需要积极进行群众动员，进行疾风暴雨式的革命斗争，其中最为直接的宣传教育活动便是通过司法实践动员人民群众参与斗争；而在边区建设时期，边区政府法制宣传教育的手段便更加倾向呈现民主性与人权性，以保障人民群众民主权利与基本人权为依归。第三，法制宣传教育根据对象及其需求的不同，而选择不同的手段与内容。譬如，针对农民和支持抗日的地主、开明绅士，主要宣传的法律内容包括经济方面的"减租减息"政策与政治方面的"三三制"等内容；针对妇女主要进行男女平等、婚姻自由等人权保障法律理念方面的宣传教育。

最后，坚持法制宣传教育工作的原则，立足于宣传教育对象实际情况，具体问题具体分析，努力使每一位人民群众都能有效了解法律信息，掌握法律精神，最终促进法制宣传教育工作方式方法的大众化与多样化。土地革命时期，法制宣传教育动员大众革命的目的决定了表达语言的大众化，而较少使用专业术语或其他有碍于理解的表述。毛泽东在古田会议决议中详细指明应当针对不同类型的大众进行不同的法制宣传教育。其中明确提出说话内容必须坚持通俗性、说话目的是要他人听明白、说话手段必须要有趣味性、说话过程中可借助肢体姿势进行宣传教育等。这段时期的法制宣传教育充分利用更加大众化的语言、声音、行为等，以及大众化的媒介平台，对有关土地革命时期的法制话语表述进行了通俗化加工创造，以人民群众更加喜闻乐见的方式表达了出来，从而形成了从报刊、书籍到墙壁、石刻标语，从印刷传单到口号，从说话到唱歌，从文字到美术，从语言宣传到行动实践等各类媒介构成的法制宣传教育体系，让人民群众时刻浸润在法制宣传教育的氛围之中。这种法制宣传教育方式克服了大众不识字、识字率低、自我学习能力较弱的障碍，有助于法制宣传教育革命目的的实现。

抗日根据地法制宣传教育的鲜明特点即是对于法制宣传教育载体的"新媒体"的不断深入开发与利用。这种不同于以往的新型模式的法制宣传教育，诸如广播电台、文学艺术作品以及典型案件直播等形式，皆是将法制宣传教育理念渗入民众日常生活的手段。边区政府在设备器材缺乏，十分困难的情况下，筹备组建了延安新华广播电台，从纸面上的静态文本，延展到有声语言的动态传播。延安新华广播电台以新闻时事、评论、文化娱乐等多样化的内容安排，宣传党和国家的政策精神，宣传根据地法制建设的情况。其中值得说明的是，利用重大典型案件进行法制宣传教育，能够加深边区群众对法律知识的理解、促进民众法律意识的养成。诸如黄克功案的公开审理，报纸实时追踪报道案件审理情况，并将毛主席为此案写的亲笔信予以公开的方式，帮助边区人民群众熟悉边区法律内容及其法律精神，能够更好地、更发自内心地遵守法律。除此之外，文学艺术作品这类更加贴近民生，更加以视觉化、形象化手段出现的法律传播方式，更加易于对民众进行法制宣传教育。通过上述多元化的传播途径，边区政府以文字、图像、语言等形式拓宽了法制宣传教育的手段，不仅使得法制宣传教育的内容融入民众日常生活，更加促进民众愿意主动接受并学习边区法律内容，了解边区法律，增强边区法律的实际执行力。

邓小平曾说过："加强法制，重要的是要进行教育，根本问题是教育人。"[①] 因此，法制宣传教育实践就是要推进国家法治建设需要，以实现国家法治目标为重要内容。法制宣传教育从来都不是抽象的理论，也不是书本中的法律内容，而是具有极强现实关怀性与实践性的活动，其具有极强的现实性与广泛性。法制宣传教育的出发点是为了人民，为广大人民群众提供正确的法制价值引领，同时法制宣传教育的依归又是要促使全社会、全体人民群众通过宣传教育将法律知识，尤其是法律价值与法律精神内化于心、外化于行，并通过不断实践使其成为自身处理日常事件的法律思维与法治理念。

不仅如此，中国共产党领导的中国法律建设也意味着从法制宣传教育迈向法治宣传教育。这种转变，看似只有一字之差，但宣传教育的核

---

① 邓小平. 邓小平文选：第 3 卷 [M]. 北京：人民出版社，1993：163.

心从静态的法律知识、法律文本与政策法令，转变为了动态的法律实践、法律精神与法律信仰。换句话说，从器物学习到思想文化学习的转变意义更加重要。从被动接受到主动选择的变化，反映出法治在国家治理过程中的重要地位不断凸显，这不仅是人民群众法律观念、道德素养不断进步的必然结果，还是国家法治建设不断优化的重要突破口。法制宣传教育标志着中国共产党在新民主主义革命时期进行的法治建设处于初级阶段，法治宣传教育则意味着中国共产党所进行国家法治建设取得重要进步，社会主义法治国家的建设离不开对法制宣传教育内容方面的完善与加强。同时，法制宣传教育的内容也需要法治教育不断更新和升华，在这种彼此关联的互动发展过程中，法制宣传教育终将走向法治宣传教育，这既合乎社会发展规律，体现时代要求，也是新时代中国式法治现代化建设发展的历史必然。

第四章　社会主义革命与建设时期的法治宣传教育

新民主主义革命取得胜利以后，毛泽东带领全国各族人民在总结前期革命实践经验的基础上，开始全面建设社会主义。对抗日战争时期与解放战争时期法制宣传教育经验的提炼归纳，为中华人民共和国成立初期国家法治建设奠定了良好基础。中华人民共和国成立后，法治宣传教育经历了不同的历史发展时期，在新形势、新时期、新阶段呈现出了新内容。

第一节　既往与开来并进：新中国成立初期的法制宣传教育

一、土地改革运动中的法制宣传教育

1950 年 6 月 28 日，中央人民政府通过了《中华人民共和国土地改革法》，人民政府领导全国新解放区的人民群众，有计划、有步骤、有秩序地进行了土地改革运动。根据中央的部署，当时全国各大区集中了大批司法干部，组建了大量县（市）人民法庭以及区分庭，受理了几十万件土地改革案件。仅据华东、中南、西南三大行政区的统计，曾成立过 977 个县（市）土改人民法庭、3 093 个区分庭。此时的法制宣传教育工作主要就是通过公开审判活动进行的。

通过法庭公开审判不法地主、恶霸乡绅，可使刚刚得到人身解放的广大农民群众，特别是贫雇农看到人民民主专政的威力，鼓舞他们积极与地主作斗争的勇气。在大张旗鼓判处不法地主的同时，各级司法机关编印了大量宣传提纲，供基层干部向农民群众宣传新中国成立初期颁布的土地改革法，宣传党中央规定的关于土地改革的总路线与总政策，即依靠贫农、雇农，团结中农，中立富农，有步骤、有区别地消灭封建剥削制度，发展农业生产。宣传人民政府的土地改革法令，告诉农民群众土地改革的任务，是经济上把地主视为一个阶级来消灭，具体主要是没收地主阶级的土地、房产、粮食、耕畜、农具等财产，而不是从肉体上消灭地主，而且对守法地主，要按照法律规定给予劳动机会和生活出路。当时在严厉打击与制裁破坏土地改革运动的不法地主、恶霸的过程中，司法机关也向其他地主分子宣传法制，交代政策，要求不准转移财产、破坏生产，不准散布谣言蛊惑农民，甚至谋害干部和农民积极分子，组织武装暴乱等，否则将依法严惩。通过法制宣传教育，大多数地主服从了中国共产党的治理。

至1952年底，在全国范围内的土地改革运动基本完成，农村面貌焕然一新，农业生产开始迅速发展。其中，当时的法制宣传教育活动非常有力地配合了土地改革这项运动。

二、镇压反革命斗争中的法制宣传教育

中华人民共和国成立初期，国民党反动派的武装力量随着大规模的人民解放战争结束而基本被摧毁，但是残余的反革命势力仍然存在，国民党反动派遗留的溃散武装、反动党团骨干分子、各种特务分子人数大约300多万；残存的封建势力依然不容忽视，在农村有恶霸与土匪，在城市有封建把头、帮会头子和地痞流氓。他们在群众中散布谣言，破坏党和政府的威信，离间各民族、各民主党派、人民团体之间的团结。

为了打退反革命势力的猖狂进攻，进一步巩固人民民主政权，1950年下半年至1951年上半年，在党的领导下，全国各地开展了镇压反革命

运动。1950 年 7 月 23 日，国务院与最高人民法院联合发布了加强镇压反革命的指示，要求各级司法机关全力投入镇压反革命的中心工作。在1951 年 2 月 21 日中央政府颁布了《中华人民共和国惩治反革命条例》后，各级司法机关在党的统一领导下，运用各类宣传手段，采取各种宣传方式，在广大城乡地区展开大规模的法制宣传教育工作。

在镇压反革命运动开始时，法制宣传教育的主要目的是动员群众，即针对当时干部群众中存在的轻敌麻痹思想，讲清敌情，动员人民群众同反革命作斗争，保卫革命胜利果实。在发动群众之后，各级司法机关着重向人民群众宣传《中华人民共和国惩治反革命条例》，突出宣传"首恶必办、胁从不问、立功受奖"的政策。推行这种法律精神旨在促进反革命内部的分化瓦解，保证反革命运动的健康、顺利发展。

法律的生命在于实施，而要想达到预期法律实施效果，不仅要让社会公众知晓法律的主要内容等，还要使他们对法律颁行的重要性、必要性及其意义有所认同，否则人们怀着完全未知的态度或强烈的抵触情绪，将使法律的实施效果大打折扣。因此，对法律的宣传和教育就成为一项极为重要的工作。

毛泽东在中华人民共和国成立后，一方面倡导大规模的立法活动，另一方面不失时机地鼓励开展法制宣传教育。例如，《中华人民共和国惩治反革命条例》于 1951 年 2 月 21 日颁布后，毛泽东对相关宣传教育极为重视，他对中共察哈尔省委拟要求"各省普遍召开一次各界代表会议，各村普遍举行若干次各基层的座谈会，讲解《中华人民共和国惩治反革命条例》，使群众明了政策"的做法很是赞同，并要求各中央局直至县委推行此种做法。[①]毛泽东对《中华人民共和国婚姻法》（现已废止）的重视和关注，一直以来为法学界所称道。毛泽东不仅对《中华人民共和国婚姻法》（现已废止）的立法给予全过程的支持，对《中华人民共

① 中共中央文献研究室.毛泽东年谱(1949—1976)：第 2 卷[M].北京：中央文献出版社，2013：342.

和国婚姻法》（现已废止）的宣传教育也是关心备至。1953 年 3 月 15 日，毛泽东阅读了中央贯彻婚姻法运动委员会办公室当月编制的《贯彻婚姻法运动情况简报》第十一号，然后向有关负责人员作出重要批示，并具体要求"简报上的许多材料，都应当公开报道，并发文字广播，三五天一次，方能影响运动的正确进行"[①]。

在中华人民共和国成立初期，中国共产党的执政面临着各方面的严峻考验。因此，这一时期的工作重点就是捍卫新生的中华人民共和国，巩固人民政权。其中一个措施便是通过积极开展宣传教育活动配合镇压反革命活动，同时开展法制宣传教育工作。譬如，在 1950 年 10 月，中宣部就曾发出《关于反对反革命宣传的指示》。根据这一指示，全国各个地区根据文件精神，利用各种手段方式进行反对反革命的宣传教育工作，如在形式方面，逐渐加强在报纸上对反对反革命活动进行报道、评论等工作；在内容方面，不断击中要害，使匪特畏惧，使人民群众有所警惕而不容易恐慌。

三、"三反""五反"中的法制宣传教育

针对中华人民共和国成立初期部分国家工作人员中滋生出的贪图享受作风，1951 年 12 月 29 日，人民政协全国委员会发出《关于增产节约运动与反贪污、反浪费、反官僚主义斗争的指示》。全国各地充分利用了可广泛传播的报纸、杂志以及各类文艺手段，如刊登多篇宣传"三反"教育文章，排演相关剧目呈现"三反"运动对新生的国家政权和人民群众的重要意义。这种做法使得全国党政军民机关及其工作人员迅速开展群众性的"三反"检讨和坦白运动。不仅如此，中央人民政府颁布了《中华人民共和国惩治贪污条例》，而全国广大司法干部在深入学习的基

---

① 中共中央文献研究室. 毛泽东年谱（1949—1976）第 2 卷 [M]. 北京: 中央文献出版社, 2013: 58.

础上，也开展了广泛的宣传教育活动。他们深入基层单位宣讲条例的具体内容，以及条例背后的立法原则与法律精神，通过现代式的"口耳相传"，实现了国家法治宣传教育的基本目的。

全国各级机关就各类法律规范进行了宣传教育，而法律精神更多通过司法实践得到体现。比如，在进行"三反"运动的同时，全国展开了"五反"运动。全国各地司法机关在调查和审理相关案件的过程中，主抓典型案例、关注关键人物，揭露违法犯罪行为，以此宣传国家和政府的方针政策。

随着新民主主义革命的胜利和人民民主政权的巩固，着手建立人民代表大会制度的时机已经成熟。1950 年 11 月，中央人民政府新闻总署、新华通讯社发布关于加强人民民主专政报道的指示。1953 年 4 月 9 日，中央宣传部对人民代表大会普选宣传工作作出指示。各地宣传机关广泛动员人民群众参与普选，有力推动我国人民民主政治步入新阶段。

四、《婚姻法》普及运动中的法制宣传教育

婚姻家庭事关人民群众日常生活稳定的重要内容，中国共产党历来重视婚姻家庭法律的立法工作。1931 年全国各地均出现了多样的立法·条例，如《中华苏维埃共和国婚姻条例》和《湘赣省婚姻条例》。其中，《中华苏维埃共和国婚姻条例》明确提出婚姻自由、男女平等、一夫一妻等现代婚姻基本原则。该部条例经多次修改，于 1934 年正式颁布《中华苏维埃共和国婚姻法》。此后，各个地方颁布了数量众多的婚姻条例，如 1939 年的《陕甘宁边区婚姻条例》，1941 年的《晋察冀边区婚姻条例草案》，1942 年的《晋察鲁豫边区婚姻暂行条例》，1945 年的《山东省婚姻暂行条例》以及 1948 年的《关东地区婚姻暂行条例》。1948 年 9 月底至 10 月初召开的解放区妇女工作会议期间，刘少奇对中央妇委的工作人员多次强调，我国这个有五亿多人口的大国，新中国成立后怎能没有

一部婚姻法，没有岂不乱套了？刘少奇将这项工作交由中央妇委，要求相关部门展开立法准备工作。会后，中央妇委成立《婚姻法》起草小组，起草小组决定由王汝琪执笔。在经过一系列调查研究后，1950 年 1 月 28 日，中央法制委员会向中央再次呈报修改意见，对征求意见后的《婚姻法》草案进行说明。最终，在 1950 年 4 月 13 日召开的中央人民政府委员会第七次会议上，《中华人民共和国婚姻法》予以通过，自 1950 年 5 月 1 日起正式实施。

1950 年 5 月 1 日《中华人民共和国婚姻法》正式实施前夕，中共中央发出《关于保证执行婚姻法给全党的通知》，提出全党同志应当认真研究婚姻法，保证予以正确执行。各级党委要利用各种合理办法，动员与组织对人民群众进行宣传解释婚姻法的教育工作，使婚姻法成为民众乐于执行的法律文件。同时，为了做好新旧法的衔接工作，1950 年 6 月，政务院法制委员会做出《就有关婚姻法施行的若干问题的解答》，对十四类问题予以详细解释。①

不仅如此，1951 年 10 月 23 日、24 日，《婚姻法》执行情况中央检查组分别从北京出发，分别前往全国各地，配合相关工作人员进行工作。检查组以调查、研究和帮助处理婚姻相关问题及案件的方式了解实际情况，进行检查工作，共历时两个月。

在经过中央检查组持续两个月的《婚姻法》贯彻实施检查后，各地开始重视对《婚姻法》的贯彻实施。1953 年 2 月 1 日，中央人民政府政务院发布《关于贯彻婚姻法的指示》，提出一方面需要展开一个大张旗鼓的群众性的宣传《婚姻法》与检查《婚姻法》执行状况的运动，另一方面又要在运动中必须坚持教育的方针。因此，指示决定以 1953 年 3 月作为《婚姻法》宣传贯彻的运动月，要在本月内积极发动群众，尤其是妇女群众，展开群众性运动，目标就是要使《婚姻法》达到人人口耳相

---

① 《中央人民政府法制委员会解答有关婚姻法施行的若干问题》，人民日报 1950 年 6 月 28 日。

传，深入群众内心的地步，使得这部法律产生移风易俗的社会效果。①

　　总体而言，新中国成立初期的《婚姻法》宣传教育主要经历了三个阶段，大致包括初期确定《婚姻法》学习与宣传阶段、中期检查《婚姻法》贯彻与落实阶段以及后期全面开展《婚姻法》宣传教育深入人心的宣传月阶段。在不同阶段中，对《婚姻法》的宣传教育在宣传主体、宣传手段与路径选择方面皆体现着中国特色，通过梳理这些内容为当代中国社会法治宣传教育在手段路径选择方面提供中国智慧，具有史鉴价值。

　　首先，革命时期的干部是《婚姻法》宣传教育过程中的主体与骨干。新中国成立初期，广大人民群众获知法律知识的途径有限，无法准确了解国家最新法律规定。因此，这种特殊的情况决定了中央传达、地方学习、再由革命干部分别向人民群众进行宣传教育的传播方式成为国家法律政策被民众知晓的主要手段。譬如，各行政区和各省贯彻《婚姻法》运动委员会和有关机关以各种方式训练干部，培养能够正确贯彻宣传《婚姻法》运动的工作骨干。因此，革命干部在此种条件下必然成为传达法律知识，进行法制宣传教育的重要主体。在培养革命干部进行宣传教育过程中出现地方部分人员宣传工作不到位、不积极，甚至不宣传的问题，通过改变宣传骨干力量的革命干部的工作心态问题成为关键，也成为影响《中华人民共和国婚姻法》宣传效果的关键一环。

　　因此，骨干力量的革命干部对《婚姻法》立法精神与内容的准确学习成为影响宣传教育工作能否广泛宣传、有效与否的重要内容。以西南地区革命干部贯彻执行与宣传婚姻法工作为例，彼时任职最高人民法院西南分院院长的张曙时曾提出，机关工作人员必须深刻认识到贯彻执行婚姻法是实现社会改革的重要工作，必须要经过有组织、有系统的思想斗争与法律斗争才能实现这一目标。这就必然要求各级人民政府始终把婚姻法的贯彻落实与干部、人民群众的思想教育工作视作长期的重大政

---

① 《政务院关于贯彻婚姻法的指示》（1953年2月1日），国务院法制办公室编：《中华人民共和国法规汇编》（1953-1955）（第二卷），中国法制出版社2014年版，第40页。

治任务。因此，张曙时对从事婚姻法宣传工作的革命干部提出，要普遍广泛地、认真细致地学习婚姻法内容，对城市与农村的人民群众进

行深入的宣传工作，目的在于使婚姻法这部事关民众日常生活的法律家喻户晓，做到有法可依。同时，我们也应当注意到，学习与宣传婚姻法本身也是革命干部与群众进行向内自我教育的重要手段。唯有从事宣传教育主体的革命干部认真学习宣传的内容，深刻把握法律内容蕴藏的法律原意与立法动机，才能更好地将法律内容与法律精神向群众进行宣传，才能实现人民群众内部民主与团结不断加强，才能有效推进核心工作的发展。譬如，湖南省人民政府在《关于贯彻执行婚姻法的指示》中提到。婚姻法的对外宣传教育，前提和基础是从事宣传教育的革命干部通过对婚姻法的学习，首先能够消除自身思想上有关男尊女卑的封建残余，唯有如此，才能真正实现和加强对民众法制宣传的社会目标。

不仅实际从事《婚姻法》贯彻落实与宣传工作的人员对婚姻法内容和精神需要认真学习领会，适用婚姻法进行司法审判工作的司法机关人员对这部法律内容与立法精神的把握页直接影响到《婚姻法》在日常生活的具体适用，影响到人民群众对《婚姻法》的正确认识，重要性甚至超过革命干部对婚姻法的宣传工作。具体而言，司法机关工作人员的婚姻法学习，主要是通过中央最高人民法院各级干部学习委员会统一安排，进行为期七天的集中学习，学习内容主要以《婚姻法》为中心，同时页有参考法制委员会关于《婚姻法》的相关报告以及其他相关学习资料。总而言之，新中国成立初期的《婚姻法》宣传教育工作要实现既定目标，发挥良好社会效果，抓关键少数是必然之势，尤其是对贯彻施行《婚姻法》的革命干部以及正确适用《婚姻法》的司法人员培训教育非常重要。

其次，《婚姻法》宣传教育的重要手段是通过树立优质典型，以生动案例推广婚姻法相关内容。中国共产党这种利用正面典型推广进行宣传教育的工作方法在延安时期即已发展成熟，宣传工作者根据工作任务要求的目标，通过调查研究手段，总结正确经验，从中挖掘正面典型，宣

传报道典型案例。当这种正面"典型"背后的实质要素通过宣传教育被广大人民群众掌握后，在人的思想行为层面得到具体呈现，这种教育的实质即是自我教育，是"群众教育群众"，是群众路线在《婚姻法》宣传工作领域的具体表现。1953年，毛泽东在阅读《贯彻婚姻法运动情况简报》（第十一号）内容后，对彼此任职中华人民共和国监察部的副部长刘景范批示"凡典型性的（事例），都应当公开报道。"这种公开报道本身就是一种对群众进行教育的重要手段。同时，要积极将宣传工作的内容同宣传对象人民群众的文化属性与感情共鸣紧密结合，建构一种宣传对象对宣传内容能够产生积极有效的心理认同的状态，最终实现法律信息与法律理念的有效传播。

为了更好检查婚姻法执行的实际情况，中央人民政府政务院指出，各级司法机关与婚姻登记机关在处理相关婚姻案件时，必须要秉持严肃负责的态度，遵守婚姻法规定。不仅如此，还要通过具体案例实践加强对婚姻法的宣传工作，针对具有宣传教育价值的重大严重案件，在群众公审过程中，加强对适用法律的普及，更生动地教育干部、教育群众。换言之，对于婚姻案件的审判实践本身即是一种对社会大众进行《婚姻法》宣传教育的重要途径，是最接近《婚姻法》立法精神与法律适用的一种手段。因此，基于以上良好实践状况，全国各省均尝试从正反两方面树立《婚姻法》典型案例，发挥典型自身的示范性作用或警示性作用，推动《婚姻法》在民间社会的广泛宣传。湖南省各级人民法院为了推动典型案件宣传婚姻法精神与内容，通过召开公审大会进行广泛宣传，同时湖南人民政府也规定，对婚姻法的宣传教育应当重点关注实践中的婚姻案例与典型，积极通过正反两方面使人民群众对具体婚姻案件问题的处理提升到国家立法原意的层面中来。这些事实也再次证明，扩大典型案件影响、教育干部与群众是贯彻落实婚姻法的有效途径。

新中国成立初期的西南地区，在婚姻法宣传与贯彻过程中，同样要求各级人民法院对婚姻案件进行司法审判后向人民政府或人民代表大会进行工作汇报，选择典型素材与文教机关进行对接合作，展开宣传，搜集人民群众集中反映的问题，解答这部分群众质疑。不仅如此，以《人民日报》为例，1950 年提到"婚姻法"的文章社论有 210 篇；1952 年提到"婚姻法"的有 119 篇；1953 年提到"婚姻法"的有 228 篇；1954 年提到"婚姻法"的有 51 篇；1955 年提到"婚姻法"的有 21 篇。由此可知，国家报刊对于国家婚姻法宣传工作成功经验的积极对外推广程度。1951 年 10 月 22 日就曾专篇报道过山东省兰陵县对《婚姻法》的宣传教育成功经验。通过具体现状的呈现，帮助人民群众了解国家机关工作人员是如何利用公审实践的群众大会来宣传婚姻法精神与内容，提示革命干部与群众对案件当事人不幸遭遇的深刻共鸣。在大会座谈与小组讨论期间，加深对封建婚姻制度的抵触，启迪对婚姻问题的思考。《人民日报》曾在"政法工作简评"中提到，具体事例，尤其是实践中发生过的严重案件具有教育意义，经过精心准备后通过公审，树立正反两方面典型的做法是有利于对婚姻法的学习教育与宣传贯彻，最终依旧是要达到人民群众自我教育的社会效果。

最后，《婚姻法》宣传教育的重要路径便是多元参与。刘少奇曾指出，共产党人进行的每一项工作，在群众尚未形成自觉时，共产党员的责任便是利用一切行之有效、贴合实际的方式手段启发群众的自觉，不论何种处境，都需要长久的时间，实现最初且最重要的工作。具体到新中国成立初期的《婚姻法》宣传教育，自应是共产党人积极利用一切可以适用且行之有效的传播手段，启发民众对婚姻家庭的意识自觉。

其中，全过程法制宣传教育的重要路径是将《婚姻法》的宣传教育工作融入到人民群众的日常生活，成为生活的一种习惯。以江苏省淮安市盱眙县皖北区委宣传部的实际工作为例，他们明确指出，要运用代表会、座谈会等体现民主集中制的有效手段和方法研究讨论《婚姻法》的具体内容，在城市场域广泛运用广播、戏剧、报纸等宣传手段，或举行演讲会等方法；在农村场域则充分运用民间地方原有艺术形式，组织读报，放映幻灯片等方法。同时，皖北行政公署也曾指出，各级人民政府在处理积案工作结束后，要组织所有宣传部门与各有关机关、团体、学校，扩大《婚姻法》的宣传教育范围，在工厂、学校、机关等环境中，以漫谈会、座谈会、群众会和其他各种会议，讲解、漫谈、研究讨论的轻松方式婚姻法，并利用广播、报纸、漫画、幻灯、短剧、歌曲、黑板报、张贴判决书等方式进行广泛宣传。总体而言，江苏省的《婚姻法》宣传教育工作，针对各个地区特点，因地制宜、因人制宜，灵活采用不同形式的宣传手段，书面与口头表达相结合，文本与图像、影视相结合的多元宣传教育路径促使《婚姻法》的宣传教育工作得以有机会渗透至基层社会奠定了坚实基础。中央与地方报纸均有宣传婚姻法的内容。

　　具体而言，湖南省各个地区利用更易于被人民群众接受的文艺创作、出版印刷相关婚姻法宣传读物或各类大小会议的多元路径，展开种类多样、形式多元的婚姻法宣传工作。政府部门组织专门的电影队、文工团、幻灯队和农村剧团，并携带相关婚姻法的宣传材料，以可视化的手段进行地域性的巡回宣传工作。同时，也利用全省各个地方的媒体资源，如电台广播、大字报与黑板报等形式，发放宣传品，张贴各类醒目的宣传标语以扩大宣传效果。在《婚姻法》宣传运动月期间，湖南省更是积极利用有利时机，组织各方面力量，形成一支专门进行婚姻法宣传教育的工作队伍。这支队伍在宣传手段与工作要求方面部署详细明确，利用各种图文传播媒介方式以及地方各类优势资源进行积极宣传，极大地激发了当地群众的参与热情，提高了群众的生产积极性，实现了法制宣传教育工作在婚姻法领域中的社会功能。在婚姻法宣传运动月期间，最高人民法院、全国妇联等机构将国家相关文件与典型案件及时更新下发，供各地领导干部学习最新婚姻法相关政策解读与最新婚姻案件审判实践。此外，利用各种群众大会、游园大会和婚姻法展览会的形式，集中性的对婚姻法进行宣传讲解，这种新颖的手段是结合人民群众接受需求与地方特点展开宣传教育的生动体现。

1953 年 4 月 19 日，在婚姻法宣传运动月结束后，中央各级党委要求将前期贯彻宣传婚姻法的工作要求转为常态化，对具体的宣传教育工作提出五个方面的要求，其中一点就包括对婚姻法宣传教育方面的内容。具体而言，即各级领导干部必须定期研究、布置和检查婚姻法在地方社会的执行情况；通过开设婚姻法课程，以干部训练班、民校、冬学与高级中学等上述院校，开设婚姻法课程内容或增设婚姻政策方面的内容。1953 年 12 月 11 日，中央贯彻婚姻法运动委员会办公室的工作交由中央内务部主管，且其于同年 12 月 14 日召开会议，进一步提出常态化宣传《婚姻法》的具体要求，其中最重要的便是将贯彻婚姻法同各种中心工作及各有关部门的经常性业务结合起来，如文教部门应根据自身工作情况，有计划地利用年画、连环画、电影、戏剧、歌曲等多种民众喜闻乐见的途径进行宣传教育，并及时对这些文艺作品进行审查、修改和创新。

纵观百年来中国共产党的法制宣传教育工作，相关制度日益完善、手段日益多元，且蕴含丰富的经验智慧。党的二十大报告明确指出，治国有常，利民为本。中国共产党的一切工作皆要以增进民生福祉，提高人民生活品质为依归，新中国成立初期的《婚姻法》宣传教育工作，正是回应人民对美好生活向往的历史注解。

第二节　成就与困境并存：从"一五"普法到"七五"普法

改革开放以来，中国特色社会主义法治理论的不断完善为中国特色法治宣传教育提供了制度保障。自"一五"普法规划颁布实施以来，我国法治宣传教育工作按照每五年一规划的形式逐步推进，在不同社会阶段，法治宣传教育的工作内容与工作对象亦呈现出不同的社会特点。具体而言，从最初仅仅普及国家宪法与其他法律常识的器物阶段逐渐扩展为以宪法为核心，涉及重要法律部门与其他新颁法律的过渡与观念阶段。

从"一五"普法规划到"七五"普法规划，普法运动从无到有，从简单"普及法律常识"到"法治宣传教育"，从一般公民到领导干部，从"十法一条例"到"中国特色社会主义法律体系"，从普法到普法与依法治理相结合，从口头宣传教育到"互联网＋法治宣传教育"的融媒体全媒介传播，从被动普法到主动学法，从法律知识多维度普及到国民法律素质整体性提高，从法制宣传教育理念到法治宣传教育等，法治宣传教育工作由浅入深、层层推进，经过三十余年的努力，形成了如今组织领导体制健全、普法工作程序化与制度化、学法用法规范化、法治宣传教育成为全面推进依法治国的重要环节的普法工作新局面。①

一、器物：法律知识普及

改革开放后，我国的民主法制建设快速发展，立法工作也迅速进行。但当时社会治安存在一定问题，各大城市危害社会治安的案件频繁发生。针对这种危害社会稳定与群众生产生活的严重问题，1979 年公安部召开专题座谈会，彭真指出，社会治安秩序混乱说明政法工作开展不到位，要想稳定社会局面，刹住危害社会治安的风气，组织开展法制教育是重中之重。②解决这一问题的相关要求奠定了我国法制宣传教育的制度基础。不仅如此，在立法实践逐步推进的过程中，党的领导集体总结了"十年内乱"的经验教训，那就是缺乏法制。中华人民共和国成立以后按照政策办事的规则，导致当时我国法制建设基础较为薄弱，政法干部队

---

① 莫纪宏."总体法治宣传教育观"的理论与实践 [M]. 北京：中国社会科学出版社，2016：265.

② 《彭真传》编写组.彭真年谱：第 5 卷 [M]. 北京：中央文献出版社，2012：41.

伍专业性不强。而且受到传统思想的影响，人民法治文化水平较低。要想真正巩固我国的立法成果，健全法制，让法律真正发挥维护国家安定团结的现实作用，法制宣传教育必不可少，要通过法律的宣传和普及促进公众观念的转变，从而将法律变为维护社会稳定的铜墙铁壁。

在长时间的酝酿之下，我国制度化的法制宣传教育规划制定颁布，法制宣传教育工作自此开始。第一年的法制宣传教育主要围绕法律知识普及展开，旨在保证政治稳定和社会团结。这一年全国范围内积极开展法律学习活动，形成了良好的学习法律的氛围，全国约有三亿人参加了普法学习。这一时期以领导干部带头学法为主，全国各级领导干部围绕基本法律进行了深入学习。我国也培训出第一批超过两百多万名的法制宣传员，他们在组织群众学习法律方面发挥了重要作用。企事业单位约有一半的工作人员参加了普法学习，农村也开展了法制宣传教育工作试点，在全国范围内形成了学法的良好氛围。这一时期的法制宣传教育也在一定程度上起到了树立法律权威的现实作用，促进了社会用法风气的转变。但是，这一时期的法制宣传教育也暴露出当前社会法律意识不足等相关问题。我国的领导集体认识到了法制宣传教育的长期性与艰巨性，为了增强我国公民的法律意识，帮助其保障和行使自己的民主权利，我国的法制宣传教育作为长期性的工作被固定下来。改革开放后至1995年"二五"普法规划结束，这段时期的法制宣传教育工作主要是围绕"在公民中普及法律知识"来展开。这个阶段的法制宣传教育以知识普及为主，根据我国现行的法律部门分类进行了重点普及（表4-1）。

表4-1　法律知识普及阶段重点内容

文件		具体内容	部门法归属
"一五"普法规划	文件要求	以宪法为主,包括刑事、民事、国家机构等相关法律	宪法相关法 民商法 刑法
	普法重点	宪法、民族区域自治法、兵役法、刑法、刑事诉讼法、民事诉讼法、婚姻法、经济合同法、治安管理处罚条例等	宪法相关法 行政法 刑法 诉讼与非诉讼程序法 民商法
"二五"普法规划	文件要求	宪法及相关法律知识	宪法相关法
		社会主义法制理论,宪法学理论	
		本行业、本单位负责执行的或与本职工作相关的法律	
	普法重点	宪法、行政诉讼法、义务教育法、国旗法、集会游行示威法、婚姻法、禁毒,惩治制作、贩卖淫秽物品犯罪分子的决定,民事、刑事,国家机构相关法律	宪法相关法 民商法 行政法 刑法 诉讼与非诉讼程序法 经济法
		环境保护法、森林法、水法、军事设施保护法、土地管理法、矿产资源法、文物保护法、食品卫生法、计划生育相关法律法规	
		组织法、选举法、保密法、廉政建设、国家税收	

通过上表梳理可以明显看出,在法律知识普及的器物学习阶段,我国法制宣传教育的内容主要聚焦于宪法及宪法相关法律、行政法、刑法、民商法等几大门类,其他相关法律亦有涉及。具体而言,这段时期法制宣传教育工作主要内容主要包括以下几个方面。

第一,这一阶段的法制宣传教育工作主要是从器物方面对全体公民进行法律常识的宣传普及。首先,是涉及国家机构与国家基本制度的相关基础法律，如《中华人民共和国民族区域自治法》《中华人民共和国国旗法》《中华人民共和国兵役法》《中华人民共和国义务教育法》等。对《中华人民共和国民族区域自治法》的宣传与1984年全国人大常委会对草案的讨论与修改关系密切。作为我国基本法的《中华人民共和国民族区域自治法》，与促进少数民族的经济发展和现代化文化的培育，解决历史遗留问题，维护民族团结和社会稳定关系重大。因此，需要就此进行广泛讨论，并重点加以宣传。其次，是关系到广大人民群众基本生活的相关法律，既包括基本权利与义务的相关规定，也涉及社会管理的重要内容。譬如，与社会稳定关系密切的《中华人民共和国刑法》《中华人民共和国土地管理法》《中华人民共和国森林法》《中华人民共和国水法》《中华人民共和国矿产资源法》等。《中华人民共和国森林法》的广泛宣传与当时我国的社会背景状况紧密相关。中华人民共和国成立以后，我国的森林经过几次大规模破坏，引发了当时我国政法工作部门的关注。在1984年的全国人大常委会委员长会议上，彭真提出森林破坏的问题必须引起重视并予以解决。①《中华人民共和国刑法》的广泛宣传，与当时我国社会治安问题日益严峻有关，在1983年各地对刑事犯罪活动进行严厉打击后，社会治安状况才逐渐好转，大案发生率大幅下降。这一时期对社会秩序和社会稳定的强调，决定了我国这一阶段法制宣传教育重点内容的确定。《中华人民共和国刑法》与《中华人民共和国刑事诉讼法》的宣传教育，不仅是维护社会治安的必然要求，也是从根本上提高公民法制意识，改善社会生态的重要选择。只有法律不断深入社会内部，才能实现从"严打"式的运动式普法向追寻法律意识构建的观念普法的常态化转变。同时，这也反映出当时党和政府对于历史问题的思考和对民主法制国家建设的构想。《中华人民共和国刑法》在我国当时的国家管理中具有重要地位，它关系着我国社会治理的基础性工作。为了能将十一

---

① 《彭真传》编写组.彭真年谱：第5卷[M].北京：中央文献出版社，2012：269.

届三中全会中提出的民主法治建设落到实处，刑法在制定过程中始终强调要发扬人民民主，保护民主权利，要在党的领导下依靠人民群众，加强无产阶级专政。这在一定程度上反映了我国党管政法的总体基调。

第二，对各级党政机关、企事业单位工作人员履行相关职能的法律常识进行宣传普及。对党政机关领导干部法律意识的强调贯穿于我国法制宣传教育的始终，这也体现了我国早期法制建设中强调提高干部队伍法制水平的理念。在 1979 年 10 月中央政法干校法制宣传班的结业典礼上，彭真就曾指出，领导班子和整个队伍都要抓紧学习法律，熟悉法律，养成依法办事的习惯。[①]并且提出，在立法的过程中，要注意邀请实际工作者进行参与，广泛吸纳群众意见，这样不仅能够促进立法、司法等方面的干部培养，还能够起到一定的普法作用，时任司法部部长的蔡诚对该阶段法治宣传教育工作的开展情况进行总结时也提到，此阶段的法治宣传教育以领导干部带头为主，为全体公众发挥带头作用。这一阶段要求学习的法律内容较为基础，主要涉及组织法、选举法和廉政建设方面的法律法规。这与当时立法工作展开时彭真对这方面法律的强调息息相关。在《中华人民共和国选举法》与《中华人民共和国组织法》起草时，彭真与工作人员谈话明确强调了这两大部门法的起草对民主制度化和法律化的重要意义。[②]这表明当时我国对社会主义民主法治建设的强调。在"二五"普法规划实施完成后，时任司法部部长肖扬指出，与"一五"普法时期相比，在"二五"普法期间，公民的宪法观念进一步增强，法律知识进一步扎实，依法参与社会各项事务维护自身权益的意识都有所增强。各级领导干部依法管理的观念得到增强，我国各项事务均逐步纳入法治化的发展轨道。

第三，针对各企业、事业单位和个体劳动者的法制宣传教育，主要集中在国家税收层面的法律法规上。对于相关经济活动的法律法规也多

---

① 《彭真传》编写组.彭真年谱：第 5 卷 [M].北京：中央文献出版社，2012：39.

② 《彭真传》编写组.彭真年谱：第 5 卷 [M].北京：中央文献出版社，2012：8.

有涉及，如《中华人民共和国经济合同法》。学习的对象覆盖范围广，除了以国有企业员工为代表的职工群体，还包括我国各类民营企业主体。企业领导人员在学习相关法律知识后，开始了依法治企的新篇章。通过聘请法律顾问，健全企业管理制度，提高企业的经营管理效率。时任司法部部长蔡诚对当时法制宣传教育进行阶段性总结时指出，普法工作确实取得了一定的成效，但不重视、走过场等问题也较为突出，普法效果和普法深度并没能从根本上满足公众的需求。执法不严、违法不究等问题，也影响到法制宣传教育的现实效果，这些皆是未来需要不断改进的问题。

二、过渡：法制宣传教育

全民普法工作已进行了十年，取得了良好的社会效果。为进一步增强公民的法制意识，促使法制宣传教育深入推进。1999年依法治国进入宪法，表明"依法治国"已上升成为国家意志，亦是中国法制宣传教育新阶段开始的标志。

从"三五"普法规划实施开始，法制宣传教育的内容不再局限于普及基本的法律常识，其重点宣传教育的法律知识内容也不断扩大，"三五"普法规划更加关注如何通过对法律知识的普及提升公众的"法律意识"，而非拘泥于法律知识本身。"依法治理"概念的提出，让法制宣传教育工作逐渐与依法治理工作结合起来，法制宣传教育工作也更加关注如何才能实现学习法律与使用法律有机统一。从1996年的"三五"普法规划开始实施，到2010年的"五五"普法规划实施结束，这段时期的法制宣传教育工作主要围绕"'学法'与'用法'并举"来开展。这一阶段的特点是注重法律技能的培养和法律意识的养成，根据我国现行的法律部门分类，本文拟对该时期的法制宣传教育工作重点内容进行梳理（表4-2）。

表4-2 法制宣传教育阶段重点内容

文件		具体内容	部门法归属
"三五"普法规划	文件要求	宪法	宪法相关法 民商法
		社会主义市场经济法律	
	普法重点	公民：宪法和基础法律知识	宪法相关法 行政法 诉讼与非诉讼程序法 民商法 社会法
		宪法、行政处罚法、国家赔偿法、行政诉讼法、国家公务员暂行条例等	
		公司法、劳动法	
		青少年：法制宣传教育常抓不懈	
"四五"普法规划	文件要求	宪法及国家基本法律	宪法相关法 民商法 社会法
		整顿规范市场经济秩序相关的法律法规	
		保障和促进国家西部大开发的法律法规	
		加入世界贸易组织相关的法律	
	普法重点	宪法和国家基本法律	宪法相关法 民商法 行政法 经济法
		领导干部	
		青少年学生群体	
		企业经营管理人员：社会主义市场经济、国际经济贸易、企业管理法律知识	
	文件要求	宪法	宪法相关法 行政法 经济法 社会法 民商法 刑法
		经济社会发展相关法律法规	
		整顿和规范市场经济秩序的相关法律法规	

续　表

文件		具体内容	部门法归属
"五五"普法规划	普法重点	宪法	宪法相关法 行政法 民商法 经济法 社会法 刑法
		人口、资源、环境和公共卫生：文化、体育及与奥林匹克相关法律法规	
		安全生产、社会救助：劳动和社会保障、知识产权，国有企业改制、城镇房屋拆迁、农村土地征用和承包地流转等法律法规	
		打击非法减免税；打击规避招标、假招标，转包和违法分包；整顿出版物市场、文化娱乐市场、信息网络市场为重点的法制宣传教育	
		依法维权、依法信访，治安和刑事法律法规宣传教育	

　　通过对上述"三五"普法规划至"五五"普法规划的文件进行梳理可以看出，在这段时间内，我国法制宣传教育的内容主要聚焦在宪法相关法、民商法、经济法、行政法等几大门类之中，其中与人民群众日常生产生活密切相关的行政法相关内容的宣传教育尤其突出。与上一时期法制宣传教育不同的是，劳动与社会保障方面、社会救助方面等有助于维护社会稳定与安宁的社会法开始成为法制宣传教育内容的重要组成部分，被纳入我国的法制宣传教育规划之中。

　　总体而言，对于这一阶段开展的法制宣传教育工作可以从五个层面进行说明：第一，是在器物阶段基本法律常识的普及，以及针对全体公民的宪法和基本法律知识普及，包括宪法相关法，致力于维护宪法权威依旧是该阶段法制宣传教育的重点内容；第二，是针对各地区各级领导干部的法制宣传教育，内容与本职工作性质关系密切，旨在达到领导干部带头学法、用法的社会效果；第三，是针对专门的司法从业人员和行政执法人员的法制宣传教育工作，宣传教育内容主要侧重于相关人员法律基本素质的整体提升，从而保证司法和执法工作的公正性，树立法律权威；第四，是针对企业经营管理人员的法制宣传教育，偏向市场经济、企业经营、经济秩序维护和管理方面的法律知识，这与该阶段国家层面经济计划的出台和市场经济的发展密切相关；第五，是针对青少年的法律常识的宣传教育，主要聚焦在宪法相关法和民商法等基本法律知识，旨在提高青少年群体的整体法律素质。这一时期的法制宣传教育已不再仅仅停留于法律知识宣传本身，而是逐渐与我国的依法治理工作相结合。全国范围内以依法治县为基础，展开了多层级、有重点的依法治理工作，如"民主法治示范村"的创建活动，这种做法也是这段时期我国进行治理方式转变的有益实践。

在"三五"普法、"四五"普法工作积极开展的基础上，"五五"普法规划对于法制宣传教育内容的要求更加精细化，重点内容也更加突出，法制宣传教育紧密围绕国家行政法制内容展开；对于与人民群众生产生活密切相关的法律法规，法制宣传教育主要集中在民商法、经济法与社会法上；在维护社会稳定、促进社会公平正义的法律法规方面，法制宣传教育集中于行政法和刑法；针对当今社会的重大任务和重点问题，如防控甲型H1N1型流感、禁毒等，我国开展了针对性的法制宣传教育活动，法制宣传教育的内容集中在行政法上，为国家处理社会问题奠定了扎实的社会基础。此外，农村地区的法制宣传教育也被视作重点进行了强调。在这段时期，民政部、司法部关于农村基层民主法治建设发布了相关文件，法制宣传教育被视为政府对农村进行公共服务的重要内容。为了使农民掌握维护自身基本权益，解决基本纠纷的法律知识，农村地区进行了较为广泛的法制宣传教育活动。普法专栏、法制小喇叭等基层创新法制宣传教育方式逐渐涌现。在全国普法办公室印发的2010年工作要点中，明确提出要"积极开展送法下乡工作，并培养法律明白人"。这些举措在一定程度上提高了我国农村法制宣传教育的实践效果。

三、观念：法治宣传教育

2011 年，中国特色社会主义法律体系宣告形成。在这一背景下，我国的法治宣传教育也开始了新的历程。自"六五"普法规划实施开始，我国法治宣传教育的内容已不再集中于几类部门法律的宣传与普及，法治宣传教育的重点也不再是对宏观层面的经济、社会和基本民生问题进行关注。中国特色社会主义法律体系将我国现行法律划分为七个部门法体系，使得这一时期的法治宣传教育内容更加全面，这也提高了整个社会和广大人民群众的法治意识。法律的健全与完善为我国法治宣传教育的开展提供依据的同时，也对新时期、新阶段的法治宣传教育开展提出了更高要求。这一阶段的法治宣传教育不再只是对法律知识的单向度传播和普及，而是促成广大人民群众学法、守法、用法的社会环境，营造良好的法治氛围，旨在弘扬法治精神，在社会层面实现法治实践到法治信仰的跨越。根据我国现行的法律部门分类，对这段时期的法治宣传教育重点内容进行了如下梳理（表4-3）。

表4-3 法治宣传教育阶段的重点内容

文件		具体内容	部门法归属
"六五"普法规划	文件要求	宪法	宪法相关法 民商法 行政法 经济法 社会法 刑法 诉讼与非诉讼程序法
		中国特色社会主义法律体系	
		中国特色社会主义法律体系	
		国家基本法律	
		经济发展相关法律	
		保障和改善民生	
		社会管理	
		反腐倡廉	
	普法重点	国体、政体、基本政治制度、基本经济制度、公民的权利和义务等	宪法相关法 民商法 行政法 经济法 社会法 诉讼与非诉讼程序法 党纪条规
		国家基本经济制度、改革开放、财税、金融、投资，农村基本经营、土地管理制度、农村金融、城乡经济社会发展一体化制度和农村民主管理，资源节约和管理、环境和生态保护、防灾减灾；知识产权	
		医疗卫生、收入分配、社会保障、社会救助；就业促进、劳动争议处理、劳动合同，土地征收征用与补偿、土地承包经营权流转、国有企业改制；抗灾救灾、安全生产、食品药品安全、公共卫生	
		社会治安综合治理、流动人口服务和管理、突发事件应急管理；国家安全、社会稳定、民族团结；信访、投诉、调解，新闻出版、广播影视、文化文艺、网络电信管理	
		公务员法、行政监察法、审计法、廉政准则和党纪条规	

续　表

文件		具体内容	部门法归属
"七五"普法规划	文件要求	宪法	宪法相关法 民商法 行政法 经济法 社会法 诉讼与非诉讼程序法
		中国特色社会主义法律体系	
		党内法规	
	普法重点	宪法	宪法相关法 行政法 诉讼与非诉讼 诉讼程序法 民商法 社会法 经济法 党内法规
		公民基本权利，依法行政，市场经济	
		教育，就业、收入分配、社会保障、医疗卫生、食品安全、慈善、社会救助等	
		国家安全和公共安全领域，国防；民族、宗教政策	
		环境保护、资源能源节约利用；互联网领域	
		诉讼、行政复议、仲裁、调解、信访	
		《中国共产党廉洁自律准则》	
		《中国共产党纪律处分条例》	

　　通过上表梳理可以看出，相较前两个阶段，这一阶段的国家法治宣传教育更加注重对价值精神的追求与弘扬。具体而言，法治宣传教育是弘扬社会主义法治精神的目标追求。这一阶段，国家法治宣传教育的内容已经不再局限于某几类部门法，而是涵盖了中国特色社会主义法律体系的所有法律部门。与法制宣传教育阶段不同，党内法规作为重要内容被纳入我国的法治宣传教育规划之中。同时，这一阶段的法治宣传教育工作从法律本身出发，结合社会发展的需要展开。总体而言，该阶段的

法治宣传教育工作主要包括以下几个层面：第一，我国法治宣传教育的基础是宪法的宣传与普及。但这一阶段宪法相关法的宣传普及工作已不再局限于国家的基本原则等基础法律知识，而是侧重于我国宪法相关法中蕴含的法治精神，旨在形成维护宪法权威的法治氛围。这一时期围绕宪法宣传展开了一系列的特色活动，尤其是"12·4"法制宣传日活动的创新，开展范围也从机关、学校逐步扩展到社会的各个方面。第二，与经济发展相关的法律法规成为这一时期宣传普及的重点。在宣传国家基本经济制度的基础上，增加了宪法相关法和经济法中社会主义市场经济方面的法律法规。农村基本经营管理制度、区域协调发展和城乡规划等方面的法律法规也被当作重点进行了强调。行政法中资源节约、环境保护等方面的法律知识，作为新阶段经济发展过程中应当兼顾的方面，也被纳入法治宣传教育的视野。为了进一步实施我国的人才强国战略，知识产权法也再次被重点宣传。第三，民生方面的法律法规依旧是法治宣传教育的重要内容。在这一阶段，促进和保障人民的基本生活为我国法治宣传教育的目标。因此，除了基本的收入分配和社会保障制度，还增加了行政法、社会法、经济法中有关医疗卫生、社会就职、就业促进、劳动争议、食品药品安全、安全生产等方面的内容。在区域协调发展稳步推进的背景之下，经济法中的土地征收征用、承包经营权流转等也得到了重点宣传。第四，社会管理方面法律法规的宣传教育。国家层面主要涵盖了国家安全、社会稳定、民族团结等方面的法律法规。社会层面增加了行政法中流动的人口管理、应急管理相关内容。为了引导公民依法保护个人权利，行政法和诉讼与非诉讼程序法中有关信访、投诉、调解和行政诉讼的法律内容被广泛宣传。在技术和网络不断发展的背景下，新闻出版、文化文艺、网络电信管理方面的法律知识得以宣传传播。同时，加强和创新社会管理成为这一阶段的法治宣传教育重点。通过法治宣传教育，促进信访、投诉等与矛盾解决相关法律法规的宣传普及，引导人民群众通过合法渠道表达诉求，参与社会管理。这在一定程度上提高了我国依法治理的能力，促进了社会管理方式的不断创新。第五，针对领导干部和公务员的反腐倡廉和党内法规的宣传教育。除了《中华人民共和国公务员法》，还重点突出对《中国共产党廉洁自律准则》《中国共产党纪律处分条例》等党内法规的宣传教育工作。关于党规党纪的法治宣传教育在我国法治建设道路中也早有提及。1985 年 12 月彭真到安徽省视察时，针对提高全党的政治意识和法律意识就曾提出，要通过党章将全体党员的思想意识统一起来。①值得注意的是，在法治宣传教育活动中将党章、党规、党纪单独列出，作为法治宣传教育的主要内容，表明在这个阶段我国党内法规的宣传教育受到了极大重视。党内法规的宣传教育，也是这个阶段法治宣传教育的新特点，呈现出我国当前法治宣传教育的最新走向。

由此可以看出，这一时期法治宣传教育的覆盖范围在不断扩大。大众传播媒介的不断拓展使得我国的法治宣传教育途径充分延伸，"互联网＋法治宣传"的提出使新媒体在法治宣传教育中的重要地位愈加凸显。在这段时期，偏远乡村、非公企业、社会组织都成了我国法治宣传教育的覆盖范围。同时，普法数据库的建立促进了我国法治宣传教育资源的开放与共享。法治宣传教育成为精神文明创建的重要内容，在社会主义法治文化建设目标下，我国各类法治建设活动不断开展，法治宣传教育阵地不断拓宽。2015 年，法治宣传教育被纳入国民教育体系，表明了我国法治宣传教育的基础性地位。

---

① 《彭真传》编写组. 彭真年谱：第 5 卷 [M]. 北京：中央文献出版社，2012：349-350.

第五章 新时代中国特色社会主义的法治宣传教育

从 20 世纪 80 年代开始，迄至当前普遍推行的法治宣传教育活动，是持续时间最长、影响人数最多、覆盖面积最广的一次法治启蒙运动。习近平多次指出，要将全面普法与全面守法当作国家法治建设的长期基础性工作，通过采取更多措施不断加强法治宣传教育对国家长治久安的重要影响。① 为了实现这个目标，就要对新时代国家法治宣传教育工作提出新的要求，即必须在法治宣传教育的针对性与实效性方面下足功夫，尤其是要加强青少年法治宣传教育，从整体维度提升全体公民的法治意识与法治素养。② 在习近平新时代中国特色社会主义思想，特别是习近平法治思想的科学指引下，全国第七个五年法治宣传教育规划顺利实施，取得了重要成果。《中华人民共和国国民经济和社会发展第十四个五年规划和 2035 年远景目标纲要》明确提出，要深入开展法治宣传教育，积极实施"八五"普法规划。

2021 年 6 月 10 日，《关于开展第八个五年法治宣传教育的决议》的正式通过，标志着新时代法治宣传教育的正式推行。为了更好地贯彻实施八五普法的具体方针和内容，《中央宣传部、司法部关于开展法治宣传教育的第八个五年规划（2021—2025 年）》详细规定了八五普法的具体指导思想、主要目标、具体内容与保障手段。

① 习近平 . 论坚持全面依法治国 [M]. 北京：中央文献出版社，2020：115.
② 习近平 . 论坚持全面依法治国 [M]. 北京：中央文献出版社，2020：4.

第一节 集中领导：以习近平法治思想引导普法工作

十八届四中全会《中共中央关于全面推进依法治国若干重大问题的决定》中提出："社会主义法治必须坚持党的领导，党的领导必须依靠社会主义法治。"法治宣传教育活动作为社会主义法治建设的重要环节，势必需要坚持党的领导、坚持以习近平法治思想为指引。

法治宣传教育工作是全面依法治国的有机组成部分，加强党对普法活动的领导自是应有之意。在落实"八五"普法具体内容的过程中，要始终坚持以习近平法治思想为指导，明确普法工作的开展是要更快、更好地实现全面依法治国的战略目标。全面依法治国目标的实现与坚持党的领导相辅相成，并非非此即彼的对立关系。全面依法治国的治国理政方式是为了进一步巩固、改善、提高和完成中国共产党在执政地位、执政方式、执政水平与执政使命方面的具体要求。①

在新时代法治宣传教育过程中，要把学习和宣传习近平法治思想放在首要位置，坚持以习近平法治思想统领全面普法工作。习近平提出："全面推进依法治国是一个系统工程，是国家治理领域一场广泛而深刻的革命。"②要加强党对全面依法治国的领导，要有实实在在的具体措施，且必须体现在党领导立法、保证执法、支持司法、带头守法各个方面。③在国家法治宣传教育方面，要求中国共产党带头遵守法律法规，并身先

---

① 付子堂.坚持党的领导是推进全面依法治国的根本保证[J].现代法学，2021，43（1）：3-8.

② 习近平.加快建设社会主义法治国家[J].求是，2015（1）：8.

③ 习近平.加快建设社会主义法治国家[J].求是，2015（1）：4.

士卒，深入开展多种法治宣传教育活动，推动全体人民树立法治意识，遵循法律要求。

第二节　固本培新：社会主义法治精神融入普法工作

一、 加强宪法法律的宣传教育

"八五"普法决议明确提出，要明确普法重点，深入贯彻落实国家宪法法律的基本精神，宣传宪法法律，重点是要贯彻落实宪法宣誓制度，不断提升宪法实施方面相关案例资源的宣传教育，深刻阐释国家宪法基本精神与社会治理的互动关系。中国自 1986 年开启"一五"普法，始终关注对宪法法律的学习宣传。这是由宪法作为国家根本法、治国安邦总章程决定的，是党和人民意志的集中体现，也是由其最高的法律地位、法律权威和法律效力所决定的。[1] 要做到依宪治国、依宪执政，最根本的就是不断加强对宪法法律的宣传教育，增强人民群众对宪法的认同感。要通过推动宪法法律的贯彻实施，不断维护宪法法律尊严。法治是否有权威，是否对人民有威慑力，关键要看国家根本法的宪法是否有权威。因此，在法治宣传教育过程中要始终把树立和宣传宪法权威视为全面依法治国过程中的重要内容，切实在宪法实施方面与宪法监督方面落到实处。[2]

因此，当前国家法治宣传教育要把认真学习和宣传宪法放在首要位

---

① 习近平.论坚持全面依法治国 [M]. 北京：中央文献出版社，2020：126.
② 习近平.论坚持全面依法治国 [M]. 北京：中央文献出版社，2020：94.

置，使整个社会形成宪法宣传与教育的风潮，不断弘扬宪法精神，以此树立宪法权威。要深入宣传宪法在治国理政中的重要作用，理解党的领导与宪法实施的关系，理解宪法宣传教育与我国国体、政体和公民基本权利和义务的重要关系。要通过对宪法宣誓制度的宣传教育，理解宪法在国家日常运行过程中的作用，使得宪法家喻户晓、深入人心。

宪法宣誓制度的确立是宪法精神深入人们主观内心的重要活动。宪法宣誓的功能主要可以概括为"彰显宪法之权威，加强宪法之实施"，法的作用不仅在于立法，更在于法之实施。具体而言，宪法宣誓的功能主要体现宪法实施过程中宪法精神实现的问题。国家工作人员必须时刻树立宪法意识、遵照宪法原则、办事彰显宪法精神、履职体现宪法使命。不仅如此，国家工作人员要在日常工作中忠于宪法法律，遵守宪法规定、维护宪法尊严。这些具体要求的基本逻辑，就是要求宪法宣誓通过宪法基本精神的实质内涵作用于国家工作人员的日常工作，以求达到实现宪法权威确立、宪法实施加强的客观效果。① 因此，具有某种仪式化象征的宪法宣誓制度的推行，有助于宪法精神融入公民内心。

2018 年 3 月宪法修正案正式通过，全国各地掀起学习宪法最新规定的热潮。2018 年 11 月，中央宣传部、司法部、全国普法办公室联合发出通知，要求设立"宪法宣传周"，要求每年在国家宪法日的当周，由中央国家机关牵头，集中组织开展丰富多样的宪法宣传教育活动，以此扩大对民众宪法宣传教育的覆盖范围与传播广度。作为普法活动的重要组成部分，宪法法律的宣传促使民众法律意识不断提高。

二、深入民法典及新兴领域法律的宣传教育

2020 年 5 月 28 日，《中华人民共和国民法典》的正式通过，宣告着中国"民法典时代"的正式到来。民法典正式通过后，司法部、中宣部

---

① 陈端洪. 权力的圣礼：宪法宣誓的意义 [J] 中外法学，2018，30（6）：1492–1518.

等八部门联合刊印民法典学习宣传通知，要求引导人民群众学习好、利用好这部民法典。不仅如此，司法部组织推出《民法典开讲》系列公益讲座，以更加通俗易懂的方式传播民法典最新内容与立法精神。为了提高学习热情，学习强国平台推出"民法典相关法律知识"专项答题活动，答题量近一亿人次，学习热情高涨，以多样化的学习手段，实现了对民法典最新立法精神的理解。通过对民法典学习参与人数的统计，能够发现民法典作为普法文本，发挥了百科全书性质的社会功能。

同时，全国各个地方也开始宣传民法典内容，掀起学习民法典热潮。具体而言，江苏省部署开展了为期多日的"美好生活·法典相伴"的主题学习活动，安排组织民法典进机关、进企业、进农村、进校园、进社区、进家庭、进医院、更要进网络，形成线上线下联动的"百万群众倡议接力"，"百场联动推进普法实践"共同发展的法治宣传教育新态势。

宪法法律、民法典成了法治宣传教育的普法文本，而与国家治理现代化关系密切的法律法规以及与国家高质量发展关系密切的法律法规，也应当是法治宣传教育的重点内容。网络空间并非法外之地，推动国家社会治理从传统社会层面不断迈进网络空间治理的全维度覆盖，建立健全网络综合治理体系，不断深入加强依法管网、依法上网，推进网络空间法治化也是新时代法治宣传教育的重要内容。加强和创新互联网内容建设，实施社会主义核心价值观、中华文化新媒体传播等工程，都是当今社会治理法治化的薄弱地带，也是民众活跃度较高的区域。因此，深入宣传网络空间活动法治化相关法律法规十分迫切。

三、发掘与弘扬具有中国特色的法治文化

实际要传承中华法系的优秀思想与理念，从传统中国法律实践中提炼法治宣传教育的中国经验。在国家治理方面要遵循以人民为中心理念，坚持民为邦本的思想；在立法、执法与司法方面，坚持礼法并用、明德

慎罚与执法如山的公正法治观念。对于中华优秀传统法律文化资源，根据时代法治发展的需要进行了创造性转化，使其焕发出了新的生命力。国家通过一系列举措，对国家法律文化历史遗迹与文物加强保护，以实物材料不断宣传相关法律精神。通过弘扬民间日常生活中淳朴风俗、家规家训所蕴含优秀传统文化的法治内涵，促进有益于当前基层社会治理的内容创造性发展，使社会主义法治精神在民众日常生活中生根。

普法工作坚持以人民为中心，是中华传统优秀法律文化在当代社会创造性转化的典型范例。中国古代思想家早已提出"民贵君轻"的民本思想，其核心便是"重民"，将"民"视为政治之根本。在中国革命实践中，需一直坚持以人民为中心，坚持一切为了人民、一切依靠人民的基本立场。抗日战争时期，陕甘宁边区的马锡五审判，通过深入群众、便利群众的方式，既坚持原则，又方便群众，维护了群众的根本利益。历代领导人都十分重视人民群众的力量，不断丰富和发展马克思主义的人民观，普法工作也不例外，即坚持普法为民，明确提出普法工作要以群众喜闻乐见、易于接受的方法进行。

中国共产党的宗旨就是为人民服务，坚持群众路线和方针。因此，同中华民族优秀的传统法律文化相同，中国共产党的优秀红色法律文化，尤其是关于法制宣传教育的内容，理应成为当前普法运动可资借鉴的优秀历史资源。人们要不断整理与总结新民主主义革命时期中国共产党领导的法制建设经验，搜集红色法治文化遗存目录，并以实物材料展陈相关内容，最大限度发挥红色法治文化的展示功能、宣传普及功能、传播教育功能，最终将法律的基本价值、核心理念渗透到民众的价值认知中。不仅如此，人们要通过建设以红色法治文化中的普法运动为主题的宣传教育场所，通过讲好红色法治故事，传承红色法治基因，引导全社会增强历史自信，主动走好中国特色社会主义法治道路。

第三节　全面覆盖：法治素养通过普法持续提升

一、实行公民终身法治教育制度

2001 年 3 月，"十五"计划明确规定，要发展成人教育和其他类型的继续教育模式，逐步形成终身教育的价值模式，这种终身学习的教育理念与制度被首次正式纳入国家规划。这充分证明，终身教育的发展及其体系建设已经成为党和国家战略安排的重要环节。

党的十六大报告同样提出党的战略决策就是以构建终身教育体系和完善现代国民教育体系为中心。党的十七大报告继续指出，大力发展远程教育与继续教育，建设全民学习、终身学习的社会，从而全面促进教育的现代化发展。党的十八大与十九大报告对此战略决策又有了新维度的深化。譬如，十八大报告提出实现教育的现代化与终身教育体系的构建与完善是建设现代中国人才强国和人才资源强国的前提和基础；十九大报告继续强调，不断推进教育的现代化，就要办好继续教育。从上述报告内容可以发现，终身教育目标的提出为后续国家终身教育法的制定奠定了坚实的政策基础。这种国家终身教育法的设定，也为国家法治宣传教育的发展提供了可能。①

---

① 吴遵民. 中国终身教育法治 70 年 [J]. 教育发展研究，2019，39（17）：39-45，57.

二、抓好"关键少数"，发挥领导干部带头示范作用

抓住领导干部这个"关键少数"，是习近平法治思想的重要内容。不仅如此，对领导干部进行法治宣传教育，能够实现自上而下的法治宣传教育良性模式，逐步扩大法治宣传教育的社会层面覆盖范围，为法治社会建设提供良好氛围。当前法治宣传教育的重要对象，便是那些在国家行政事务中发挥作用的领导干部群体。因此，对领导干部进行法治宣传教育就是扩大传播对象范围的有效路径。习近平曾说过，各级领导干部作为具体行使党的执政权和国家立法权、行政权、司法权的人，在很大程度上决定着全面依法治国的方向、道路、进度。党领导立法、保证执法、支持司法、带头守法，主要是通过各级领导干部的行动和工作来体现的。因此，高级干部做尊法、学法、守法、用法的模范，是实现全面推进依法治国目标的关键所在。①

三、加强青少年法治教育，落实《青少年法治教育大纲》

青少年法治教育包含具体的法律知识教育，但更加重要的是蕴含在法律体系中的法律价值教育。②概括来说，法治教育的基本内容不仅应当包括对法律、民主与人权等主题内容本身的宣传教育，更是要对其中蕴含的价值观进行教育传播，这些价值观需要在教育和生活实践中培养形成，这是法治教育的意义所在。③

要把法治宣传教育归入国民教育体系，就要从青少年群体开始抓起，尤其是要在中小学设立法治教育课程。因为，法治宣传教育的常态化措施便是使法治教育课程进校园、进课堂、进书本，要在中小学教学安排

---

① 习近平.论坚持全面依法治国 [M].北京：中央文献出版社，2020：135.

② 段来.从法制教育到法育：论法育的三个维度 [J].国家教育行政学院学报，2014（12）：47-51.

③ 靳玉军.加强青少年法治教育的若干思考 [J].教育研究，2015，36（4）：57-60.

中增加法治教育课程，从而强化法治宣传教育对青少年群体的影响。不仅如此，法治教育在课堂中的呈现也要以更加易于被学生接受的方式，以青少年喜闻乐见的方式进行，促进青少年法治教育效果最大化。

　　总而言之，对青少年群体进行法治宣传教育的目标在于从知识层面对法律信息进行系统化传播，进而从精神层面对法律精神进行追求，促进法律思维的养成以及法治理念的形塑。根据《青少年法治教育大纲》规定的具体内容，以权利、义务为核心，开展丰富的课堂法治教育与法律实践活动，培育具有健全法治人格，具有法治理念、法治精神，能够运用法律价值目标处理日常事务的合格公民。

第四节　普治结合：依法治理与全面普法有机融合

一、开展公共卫生安全、应急管理领域法治宣传教育

　　2020 年新型冠状病毒感染疫情大流行，随之而来的是各个高等院校加强对于"卫生法治"人才的培养，对于公共卫生安全领域人才的需求急剧增加，相关普法宣传工作加紧开展。习近平指出，要组织社会基层积极开展相关法治宣传教育工作，加强人民群众对疫情防控法治宣传的认识，引导广大人民群众不断提升自身的法治意识，依法支持并配合疫情防控期间的防控工作，并为困难群众提供有效的法律援助。①

　　理念是行动的先驱。要想加强疫情防控公共卫生领域法治建设，就

---

① 习近平："全面提高依法防控依法治理能力，为疫情防控提供有力法治保障。"此为习近平总书记在中央全面依法治国委员会第三次会议上的讲话，2020 年 2 月 5 日。

要尝试利用法治理念蕴含的基本精神要求反思公共卫生领域的相关问题，并尝试以法治思维模式的路径解决公共卫生领域的突出难题。要把法治理念贯彻于公共卫生安全工作的始终，为疫情防控期间相关工作提供强大的法治正能量。要用法治的思维方式分析和判断实际，积极应对社会生活与法治方面发生的变化。

党的十八大以来，党中央高度重视全面依法治国，持续推进科学立法、严格执法、公正司法、全民守法，坚持依法治国、依法执政、依法行政共同推进，坚持法治国家、法治政府、法治社会一体建设，努力建设中国特色社会主义法治体系、建设社会主义法治国家，法治建设取得显著成效。这是加强公共卫生法治建设的重要基础，也是增强公共卫生法治理念的主要方向。在立法、执行、司法、守法各环节都要增强公共卫生法治理念，切实做到有法可依、有法必依、执法必严、违法必究。要加大全民普法工作力度，弘扬社会主义法治精神，增强全民公共卫生法治观念，夯实依法防疫的社会基础。

二、坚持普法工作的法治化、系统化与综合化

《法治社会建设实施纲要（2020—2025年）》明确指出，"八五"普法规划在2035年实施完成后的社会效果应是法治理念深入人心，社会各个领域、各个方面的制度设计全部纳入法治轨道，社会主义核心价值观融入国家法治建设与社会治理建设，体现新时代新特征、体现人民群众真心满意的法治社会建设动态新局面。

其实，法治社会建设成效的高低，一定程度上与当前国家法治宣传教育的开展程度与实施效果有着密切的联系。普法的最终目标是促进全民守法，这是法治社会建设的基础工程。无论是对宪法及其相关法律法规的宣传，还是对民法典全方位、深维度的宣传，其核心诉求都是发挥法治宣传教育的价值引导作用，积极引导全体社会争做社会主义法治的

忠实崇尚者、自觉遵守者、坚定捍卫者，使依法办事、遇事找法成为整个社会的基本共识和价值准则。

社会治理的方式有多种，但适合法治社会建设的治理方式通常要遵循法律基本价值取向，必须符合事物发展客观规律与系统性要求。人类几千年发展的历史经验已经证明，利用法治手段进行治理是最可靠、最系统、最稳定的治理形态。法律治理是国家治理体系与治理能力现代化的重要手段，要把我国制度优势更好地转化为治理效能，必须全面推进依法治国，从法治上为解决党和国家发展面临的一系列重大问题提供制度化方案。

第五节　时空统一：全民普法不断提高针对性与实效性

一、实时普法：实现普法与法律各领域、各阶段有机联动

在立法领域中，要始终坚持立法的科学性、立法的民主性与立法的依法性。立法的科学性，其核心便是立法必须符合实际情况、必须符合客观事物发展规律，否则法律存在的合理性就会受到质疑；立法的民主性，其核心便是坚持人民主体地位、坚持人民才是国家立法的出发点和依归处；立法的依法性，其核心便是法律的制定必须坚持法治的基本原则，必须保持法律内部的统一性。这就要求在立法、修法等各个时期通过各种方式，如公开征求意见、论证会、听证会、基层立法联系点等多种手段扩大民众参与。通过在立法领域设立对外发言人的方法向媒体、向大众解读最新法律文件，回应社会关切与疑问，这种行为本身就是一

种法治宣传教育。同时，在司法解释制定过程之中，也要加强对核心内涵的宣传教育工作。当新的法律或司法解释得以证实公布后，必须及时、准确、妥当地进行解释说明，做好法治宣传教育工作。

在执法领域中，要坚持严格执法，保证法律面前人人平等，以法治约束行政权力，由此转变政府职能；贯彻执法为民服务的宗旨，执法为民、执法利民、执法便民相结合；要实现执法公开化、透明化，提高执法效率与水平。在司法领域中，要坚持公正、公平司法。

在执法、司法办案过程中要实时开展普法工作。例如，要加强行政许可、行政处罚、行政强制、行政复议、行政诉讼等相关法律规范的普法宣传，把向行政相对人、案件当事人和社会公众的普法融入执法、司法办案程序，促进全员普法、全程普法；在落实行政执法公示、执法全过程记录、重大执法决定法制审核制度中，加强普法宣传；在行政复议工作中，利用受理、审理、决定等各环节实时普法，引导教育申请人依法维权、表达诉求；充分运用公开开庭、巡回审判、庭审现场直播、生效法律文书统一上网和公开查询等生动直观的形式宣讲法律，释法说理。

将法治宣传教育逐步融入法律服务过程的始终，就是要求法律服务工作人员在提供法律服务、解决矛盾纠纷以及参与涉诉信访案件的过程中，不断增强阐释法理、解释法律的能力，利用法言法语、解释法言法语，从而引导案件当事人与社会大众遇事找法、依法办事。在不断加快、增强公共法律服务体系建设的过程中，也要在人民群众需要法律帮助时提供及时、可靠的法治宣传服务，让人民群众在社会实践中感受法律的真实温暖与力量。

二、案例普法：加大以案普法、以案释法的力度

就检察系统而言，要建立并不断推行检察官利用案件具体信息阐释法理、解释法律的制度，这是检察机关为保证公正司法、提高司法公信

力、规范司法行为、提升司法能力和形象而进行的一次有益尝试。通过适应开放透明的司法环境、实行平等互动的普法形式，更好地赢得社会公众的信赖与支持。

就社会公众而言，人民群众对于具体个案的关切，往往超过普遍性的法律制度。具有一定影响力的典型个案对于社会公众的宣传教育作用，有时甚至远超常态性、一般性的日常法治宣传教育。在处理这种类型具体案件的过程中，案件的审断者不仅要完成基本案件审断工作，提供审判意见的职责，还要承担利用案件传播法律价值理念、引导民心向善的法治宣传教育职能，要积极引导公众在个案诉讼流程中了解法律知识、培养法治理念。相较于传统普法模式，普法责任制使普法活动更具针对性，由宏观转向微观，由总体转向个案。要建立检察官利用案件阐释法律的制度，并积极利用典型社会案件的影响力，利用各种传播载体，及时向民众释法说理，以切实行动回应社会关切，并通过法治宣传教育的多维度开展，促进全社会树立法治意识。

三、公益普法：利用社会力量开展普法工作，健全社会普法机制

当前社会全媒体资源成为社会公众获取各类信息的便捷手段。基于民众信息获取的偏好倾向，要不断壮大社会各类性质的普法力量。第一，在组织维度，要积极发挥群团组织与其他社会组织在法治宣传教育过程中的正面作用，保证市场主体自身、新社会阶层、社会工作者和志愿者全方位参与法治宣传教育的路径畅通，不断发展和规范公益性质的普法组织。第二，在个体维度，要逐步加强并规范法治宣传教育讲师队伍的建设工作，要充分利用、发挥在司法实践工作中有长期积累的法律实务工作者、具有多年法学研究教育经历的法学教师以及长期进行大学课堂法治宣传教育工作的思想政治教育课教师队伍的引导作用。不仅如此，在发挥法治宣传教育队伍作用的过程中，要积极组织并支持退休法官、

退休检察官和老党员、老干部以及退休教师积极利用专业知识，进行法治宣传教育志愿服务。

总而言之，要不断健全全社会法治宣传教育相关机制，就要在管理服务、组织引导和政策、资金、项目方面提供有力支持，要不断完善相关配套制度体系设计，要推动法治宣传教育活动常态化与制度化运作。

四、精准普法：以新媒体技术推动法治宣传教育

在当今大数据精准推送的社会背景下，法治宣传教育要利用新型媒介推行相关活动，就必须针对用户特点做到精准普法，并准确分析宣传教育对象的法律需求。只有以这种法律信息需求的精准性为依托，不断提高法律信息服务供给的针对性，满足社会公众个性化的法治宣传教育需求，才能真正解决法治宣传教育信息资源浪费的问题，从而充分发挥法治宣传教育工作传播法治理念、构建法治社会的重要价值。

当前社会民众有获取法律信息的需求，但法治宣传教育活动的内容并不能匹配。这种供需偏差往往导致法治宣传教育活动功能的发挥事倍功半。因此，为了逐渐提升法治宣传教育的有效性，整合相关宣传资源，需要了解参与法治宣传教育活动的对象群体的预期动机及活动满意度。只有在深刻理解宣传教育对象特殊性的基础上，才能基于不同的法律信息需求，将法治宣传教育对象精准定位在适宜的宣传教育群体中，并为其提供个性化的宣传教育服务。① 具体而言，对于国家机关工作人员，基于其提高依法履行国家职责的需求，要加强对党内法规、法律职业伦理以及宪法等相关法律信息的宣传教育；对于企业员工，为了保障其合法权益，需要宣传有关劳动法、劳动合同法与仲裁法等相关法律知识；对于企业管理者，需要进行国家税收法律规范、知识产权、刑事法律以及

---

① 朱大敏，朱文根，郭肖肖．"精准普法"的理论与实践 [J] 中国司法，2014（4）：19–21.

安全生产法律等相关知识宣传教育；对于青少年群体，要重点进行预防未成年人违法犯罪等相关法律规定的宣传教育。以上针对不同主体，提供适应法律信息进行宣传教育，可真正发挥法律的价值引导作用，将法治宣传教育的核心价值贯彻落实到实际生活与工作之中。

同时，在新媒体数字时代，法治宣传教育可以借助大数据云平台不断更新数据的优势，动态搜集并更新宣传教育对象法律需求的变化，利用各类算法进行深度分析，掌握普通民众法律需求的规律与趋势，从而为法治宣传教育服务的妥善实施提供可靠依据，避免在漫无目标的无意识搜寻中浪费人力、物力、财力，提高法治宣传教育供给的效率与质量，最终实现有针对性的、利用各种适宜媒介的法治宣传教育。[1]

传统的法治宣传教育是一种"政府主导型"普法，政府部门处于中心地位，民众只是信息的接收者，处于被动地位，缺乏对公民法律需求的切实关注，因此政府的普法供给与公民的普法需求之间产生了错位，普法的针对性不强，无法取得良好的法治宣传教育效果。技术发展促进新媒体法治宣传教育，使"政府主导型"普法转变为"服务型"普法。实际应以服务型政府的视角，将普法当作一种对社会公众的服务，依托网络空间的法治大数据，运用现代信息技术，通过大数据挖掘和分析，实现以需求确定主题、以问题作为导向，精准识别、精准推送、精准施策。[2]

① 魏志荣，李先涛.大数据环境下网络普法模式创新研究：基于需求与供给的视角 [J] 电子政务，2018（8）：119–125.
② 魏志荣，李先涛.基于大数据的精准普法探析 [J] 中国司法，2019（2）：28–32.

第六节　落实监督普法工作要加强组织和制度保障

贯彻实施普法工作的进程中，监督普法工作的实际效果需要一系列制度保障。《法治社会建设实施纲要（2020—2025 年）》指出，要推动全社会增强法治观念，就需要健全普法责任制度。当前，依旧要坚持法制宣传教育与法治实践相结合；要认真落实"谁执法谁普法"的普法责任制，把案件依法处理的过程变成普法公开课。

"八五"普法规划明确指出，要强化普法责任制，完善国家机关普法责任清单制度，细化普法内容、措施标准和责任。换言之，在国家法治宣传教育活动中，不仅要从正面对法律知识、法律规范进行说明阐释，还要落实法治宣传教育主体的责任，将法治宣传教育的价值理念真正推行下去。对于不同领域部门普法内容、具体普法活动的措施标准与责任进行明确规定，有利于法治宣传教育的贯彻落实，有利于国家法治宣传教育真正发挥提升全民法律素养的作用。

具体而言，"谁执法谁普法"的普法原则，就是要求普法责任人将其执法行为的法律依据告知相关当事主体以及其他人民群众，真正实现执法有理、执法有据，切实提高国家执法活动的真实度、可信度与威严度。不仅如此，对于普法活动和责任承担要实施动态追踪追责，通过逐步形成清单管理、跟踪提示、督促指导、评估反馈的管理模式，不断落实各个责任单位的相关责任。最后，各个社会团体、企事业单位等都要加强对本领域法律法规的学习力度，从而承担一定普法责任。

要想使法治宣传教育工作真正落到实处，不仅需要从国家维度对宣传教育的措施内容进行保障，还需要从社会维度予以支持，如各种媒体平台推行公益普法活动。广播电视媒体、各类报纸杂志期刊以及互联网等新兴媒介手段都承担法治宣传教育的责任。不仅如此，还要积极利用国家法制宣传日、国家安全教育日、网络安全宣传周、消费者权益保护日、知识产权宣传周等特殊时间点，利用上述传统媒介或新型媒介，在其重要板块、重要时段、重要频道设置相关法治宣传教育专栏与专题，并针对当下发生的热点事件或典型案件对相关法律信息进行及时、准确与权威的专业解读，利用媒介传播广泛性的原理将法律精神传入人民群众之中，真正实现对全体民众的法治宣传教育。

　　法治宣传教育作为一项长期性、基础性的工作，要健康有序地开展下去，急需统一、稳定的国家立法加以规范。完善法治宣传教育国家立法，顺应了法治宣传教育的基本规律，体现了经济社会发展对法治宣传教育的要求。因此，应制定一部统一的《法治宣传教育法》，以解决法治宣传教育工作缺乏稳定性和规范性的问题，进而为法治宣传工作从主要依靠行政手段，转变为依靠法治手段，实现法治宣传教育的法治化、规范化，也为未来法治宣传教育工作的长期、稳定、持久进行提供法律制度层面的保障。这些对于贯彻全面依法治国方略，推进国家治理现代化、社会治理法治化具有重要价值。

　　量化普法工作的具体内容也是实施和监督普法工作的重要环节。通过健全普法工作评估指标体系和奖惩制度，做好中期评估和终期检查，加强检查结果的运用，对于及时发现普法过程中出现的问题，并针对性解决问题，不断更新普法工作的具体工作安排同样具有重要意义。

　　抚今追昔，只有民众知法懂法，公正执法司法，上下守法，才能保障法律的积极作用有效发挥；只有国家机关工作人员及其"关键少数"、社会公众通过普法工作的深入开展不断增强法律意识，才能促进法治环境的稳定，推进全面依法治国，最终为走上具有鲜明中国特色的社会主义法治道路奠定良好的法治基础。

第六章　中国法治宣传教育的当代启示

　　"所急者衣食，所重者教化"。第八个五年法治宣传教育已在全国范围贯彻实施，要想通过法治宣传教育活动提升人民群众"办事依法、遇事找法、解决问题用法、化解矛盾靠法"的法治意识，就要在历史经验中寻求中国智慧。实际需挖掘普法活动中具有通俗性、普及性的优秀传统文化，为当前进行的法治宣传教育活动提供助益，同时促使人们加深对马克思主义基本原理同中华优秀传统文化相结合命题的理解，最终提炼具有中国特色的历史经验。

　　中华优秀传统文化是中国最深厚的文化软实力，也是中国特色社会主义植根的文化沃土。国家在法治宣传教育过程中，不仅注重宣讲艺术，还关注不同地区语言文化与文化水平的差异，进而通过加强语言的通俗性，实现对民众的社会教化。无论是在古代中国、中国共产党领导的新民主主义革命时期，乃至当代中国社会推行的普法运动，皆一脉相承，始终秉持扬弃的态度，不断继承优秀历史经验的同时，因时制宜，因地制宜，不断发挥法治宣传教育对法治社会建设的基础性作用。

　　中国古代法治宣传教育的历史经验也表明，法律宣传教育队伍的专业化是推动马克思主义中国化的重要基础。面对中国在社会主义法治建设过程中遇到的新问题、新矛盾，应该如何实事求是地进行理论回答？面对广大人民群众对社会现实问题的不解与困惑，如何以通俗易懂的方式进行社会宣传，达到良好的社会效果？如何打破理论束之高阁的尴尬局面，通过通俗化的再加工，使其为人民群众理解、运用并焕发生机？对于这些问题，需要借鉴传统中国社会教化的历史经验来加以解决。

　　在运用传统中国法治宣传教育具体内容与理念推动马克思主义中国化的过程，需要进行不同时空的创造性转化，毕竟二者存在天然的历史背景差异与时代差异。同时，需要在现代性转化过程中从古今借鉴的视角不断观察，取其精华、去其糟粕，进而历史地、辩证地运用传统中国法律教化的方式促进中国特色社会主义法治宣传教育工作日臻完善。

古代中国的法治宣传教育，更多以社会教化的名义出现，这与国家治理疆域辽阔的古代社会并维护中央集权，以期实现社会稳定有着密切关系。在这种理念的指导下，古代官方强调恩威并济，以社会教化为主导，对整个国家社会发展起到了非常重要的作用。因为社会教化的手段在维护历朝历代政权的合法性以及稳定人心方面具有极强的影响力，不同时期的社会教化都受到统治集团的高度重视。

在古代中国，官方层面对社会教化的主持与推动作用是显而易见的。国家不仅设立专门机构要求相关工作人员来从事教化工作，还通过公学、私学相互结合的方式推行社会教化工作，力图使人民群众自愿服从国家统治，实现稳定社会秩序的目标。不仅如此，官方还在农村地区开设了社学，促使社会教化深入民间社会，扩大了社会教化的覆盖范围。明清时期的社会教化更加丰富，统治者亲自制定并颁发了教民圣谕，不仅要求官民群体认真学习与定期背诵，还使其成为国家科举考试选拔官员的必考内容。在进行社会教化的过程中，国家中央机构与地方机构往往专门设置诸多宣讲机构，招募并培养诸多从事法律宣讲的专业化人才，对维系和巩固传统中国社会政权，以及促进社会发展发挥了极其重要的作用。

以上述中国历史不同时期的法治宣传教育实践为借鉴，当代中国法治宣传教育应当注重手段的通俗性，更多采取人民群众易于接受的表达形式。同时，宣传教育主体必须熟知并理解法律内容及其背后的价值理念，并形成符合常理认知的大众化思维。最后，还需要积极开发融合传统媒介与新型媒介，从而更好地实现国家法治宣传教育的核心目标。

第一节　寓教于民：法治宣传教育方式的通俗性

法治宣传教育方式的通俗性以法治宣传内容的简明扼要、易于理解为前提条件。关于这一点，明清时期的国家统治者已经有了明确的认识，即"法贵简明"，也只有这样才便于官吏习法执法、便于民众知法守法。官员只有积极执行法律，按照法律规定办事，才能发挥法律的作用；民众只有知晓法律内容，才能明确法律规定的价值导向，从而营造自觉守法的和谐社会氛围。

第一，因人制宜，通过口头宣讲与普法注释书籍相结合，促进民众法治意识的提升。明清以来，官方皆有专门的法治宣传文本。明初朱元璋基于《教民榜文》《御制大诰》进行意识形态教育，清朝则以《圣谕广训》为核心素材。但宣传文本语言文字过于抽象，难以理解，在识字率较低的清代社会，民众无法自行进行有效阅读，因此普法文本的法治宣传教育功能受到了限制。清代太平府黎昌县知县梁延年认为"铸词典雅，小民未必周知"，要求对宣讲文本加以解释，并通过口头宣讲的方式，使法律宣讲内容与精神家喻户晓。《圣谕像解》是梁延年为了应对上述问题撰写的普法注释书，通过形象配图附以浅显解说的方式，达到妇孺易知的良好社会效果。其他类似《圣谕宣讲仪注》《圣谕宣讲乡保条约》《圣谕图像衍义》等都是不同版本的普法注释书籍，有助于实现法治宣传教育通俗化的社会目标。

第二，因地制宜，通过方言宣讲与统一语言宣讲相结合，促进民众法治理念的培育。中国地域辽阔，不同地区皆有不同语言文字，加大了传统中国法治宣传教育的难度。清代中国社会不仅要求官员进行法律宣讲时结合当地方言文字，还要培养既懂官方语言文字，又能熟练运用地方语言进行法律宣讲的专门人才。雍正十三年曾提到"广东省凡有黎瑶之州县，悉照连州之例，多设官学。饬令管理厅员督同州县，于内地生员内，选择品行端方，通晓言语者为师，给以廪饩。"在要求官员积极学习地方语言进行宣讲的同时，要求"听黎瑶子弟之俊秀者，入学读书，训以官音，教以礼仪，学为文字。每逢朔望，该学师长率其徒众，亲诣附近约所，恭听宣讲《圣谕广训》，申命律例，务令通晓，转相传诵"，对使用不同语言文字地区进行法治宣传教育。清代湘西地区少有读书受教之人，多由中央派遣专人前来进行普法活动。但是，长远之计是在本地培养相关人员。雍正十年，清朝政府在湖南乾州、凤凰二厅"择其谨厚读书，通晓文义者"为普法之人，"令其教导苗童，使苗童渐指礼义"。苗童唯有在熟知《圣谕广训》这一法治宣传教育文本后，才能继续学习儒家精义，最终成为湘西本地法律宣讲的专业人员。上述史实再次证明，国家要进行法治宣传教育，只有培养本地普法专门人员，才能促进国家普法活动持续展开。

第二节　家国同构：法律宣传内容与对象的普及性

中国古代为了实现教化的广泛性，需调动各个社会群体参与法治宣传教育的主动性与积极性，形成多方参与、共同治理的格局。法治宣传教育不仅是官府的职责，还是社会各个维度应当承担的责任。由于达成了这种社会共识，在古代中国不但官方狠抓道德教化，而且民间也通过一定的组织形式进行了道德教化。譬如，传统中国一直延续至今的乡规民约是地方治理的重要手段。在这些民间规约中，可以看到诸多社会教化、宣扬道德理念的内容。所谓乡规民约，即是一乡一村之人相互之间自愿订立的道德公约，实质以维护社会秩序和人际关系的协调为价值依归。北宋蓝田的《吕氏乡约》就包括"德业相劝""过失相规""礼俗相交""患难相恤"等内容。乡规民约不仅是一纸公约，还是一定组织活动实施的基本保证。在日常生活中，民众按照规定要求，相互劝勉、砥砺同行，同时每月定期进行集会，以检查公约的具体执行落实情况。传统中国的社会教化功能主要通过运用家规、家训、族规、祖训等多样化内容，提出对家族成员的道德要求实现，其中势必会出现诸多国家法律宣讲内容。在明清时期的地方社会，就存在诸多宗规、族规，这些地方家族规范往往在首篇列明《教民六谕》或《圣谕广训》为道德规训的重要素材。这说明，家国一体的社会政治结构决定了古代中国的家族活动自觉配合国家社会教化的基本要求，从而进行有关法律内容与道德追求的宣传教育。

古代中国以社会教化手段进行法治宣传教育的成功经验，体现出了国家对普及法治宣传教育的重视。为了使社会教化的基本要求得到民众的理解，促使国家基本道德价值追求为民众接受，古代思想家已编撰出众多面向普通百姓的、宣扬道德教育的通俗读物与童蒙读物。由于对象的特殊性，这些文字内容必须通俗易懂、图文并茂，文字呈现形式或是讲故事，或是用韵语，文字篇幅不能太长，而据此进行宣传教育通常可以达到超出预期的宣传效果。虽然这段时期以社会教化为旨归的通俗读物的出版从本质而言是为了培育顺民，为维护封建专制秩序服务，其本身存在无法超越的历史局限性与阶级局限性问题，但需要从中汲取精华，摒弃不适合当前法治宣传的内容。具体来说，主要包括以下几个方面。

第一，通过设置善恶簿，引领民众树立正确的价值观。国家进行法治宣传教育的核心目的，是对民众社会行为进行价值引导。清代社会在法律宣讲活动中，对国家基本法律精神与民众易犯法律条文宣讲完毕后，会进行善恶两册记录。对于符合国家意识形态宣教规范，合于礼法与宣讲文本要求的行为，公开进行褒奖，并将相关内容抄写在旌善簿上；同样，对于不符合国家要求，有违伦理规范的行为，要公开惩戒，并将相关内容抄写在惩恶簿上。这种对社会行为进行公开价值判断的活动，意在使得全国民众准确理解并认同国家的意识形态要求，对国家倡导的家族孝悌、宗族和睦、重农务本、勤俭节用以及息讼等理念加深关注。通过派遣官员口头宣讲、对入职官员定期考核以及对普通民众进行法律宣讲，在整个清代社会进行全方位、一体化的法治宣传教育。

第二，通过学校教育与社会宣讲相结合，全方位提高民众法治意识水平。学校教育与社会宣讲共同构成整个意识形态宣教体系，二者相互依存，互为影响与补充。国家开展的学校教育涉及范围只能到地方县级的城市或较大城镇，官方乡村地区无法覆盖。要践行"一道德，同风俗"的社会治理理念，就不能忽视对乡村地区民众的法治宣传教育。学校教育主要通过将《圣谕广训》的内容纳入科举考试范围进行，同时要求人们必须能够默写《圣谕广训》。雍正三年规定，"县府考试覆试时，令其背录一条，方准录取"。不仅如此，嘉庆十九年，要求在考试时必须默写《圣谕广训》一二百字，若不能默写，则要递降等第，不予录用，以此督促生监群体勤加诵习。这也是对官僚群体进行价值宣教的重要举措。在进行宣讲的过程中，对于民众听不懂专业官方话语的问题，地方官绅的处理办法是通过参照地方风俗习惯以及方言土语的形式，对宣讲文本《圣谕广训》进行二次加工，使其得以通俗化，能够用更加浅显易懂的语言进行表达，达到民众法治宣传教育的最佳效果。法治宣传教育既要抓"关键少数"的普法群体，也要关注"人民大众"的受众需求。只有将二者有机统一，才能真正发挥国家法治宣传教育的重大作用。

第三节　定范立制：法治宣传教育的制度性

法治宣传教育发挥基础性作用的前提，便是要实现制度化，成为国家治国理政的基本方式。这种制度性特点在中国古代早期便已出现。先秦时期对法律宣讲主体与宣讲时间有具体要求，宣传教育的常态化逐渐形成。随着国家治理工作日益强化，法律宣讲的对象由官员到民众，范围逐渐广泛，同时法律宣讲更加制度化、体系化。明清时期的法律宣传教育，具有以下几个重要特点值得借鉴：第一，法律宣传的手段不断多样化，其中包括常规的利用法律规范进行宣传教育、利用具体典型案件进行宣传教育，以及利用基层民间社会的里老裁判宣传国家意识形态，目的皆在于使民知法，引导民众向上，远离违法犯罪。第二，法治宣传教育要实现既定目标，不仅要实现法之确立，更要实现法之必行，所谓"天下之事，不难于立法，而难于法之必行"。因此，一系列保障法治宣传教育顺利开展的措施更加重要。明清时期，通过定期举行内容涉及讲读律令以及相关法律审判知识的考察，以国家制度的方式保障并推动国家的法治宣传教育，并以考核结果为标准适当予以赏罚，可促进执法群体对法律知识的学习。第三，明清时期的讲读律令明确规定，民间百姓若是犯有轻微罪行，如果能够对国家法律通晓大意，熟读讲解，在一定条件下便能不问轻重，免除一次刑罚。通过这种国家规定，积极引导民众了解法律内容，熟读律意，趋吉避凶，可实现法律的引导功能与教育功能。

综上所述，古代中国社会的法治宣传教育具有悠久的历史渊源，从早期的散漫倾向的点状规范，不断发展成为线状，甚至面状的规范，从简单的直观认知发展到复杂的理性思维，无不体现出中华法制文明资源在法治宣传教育方面的重要历史价值。但是传统中国的专制主义性质，使得法律宣讲受到了严格的社会控制，呈现出一定局限性。古代中国的法治宣传教育，一方面倡导以法为教，要求官吏必须熟悉明确法律内容。另一方面要求民众接受国家法律教育，从而使国家法律知识广泛传播的同时，防范民众运用法律知识向统治集团争取权益。这种矛盾的产生本身就是封建社会的专制性质决定的。

国家法治宣传教育是推动并实现全民依法治国的重要战略措施，因此必须统筹兼顾法律知识宣传与法治素养提高，把握法治宣传教育的重点与难点，整体规划法治宣传教育的未来发展，在推进一体化建设方面有所建树。① 因此，全面建设社会主义法治国家，要以建设社会主义法治社会为起点，要从深入开展法治宣传教育着手，不断延展法治宣传教育的广度与深度，弘扬社会主义法治精神，积极开展依法治理活动，推动社会主义治理法治化，促进国家治理体系创新发展。

习近平指出："推进全民守法，必须着力增强全民法治观念。要坚持把全民普法和守法作为依法治理的长期基础性工作，采取有力措施加强法制宣传教育。"② 法治宣传教育需要全社会共同参与，以促进全社会整体法治素养迅速提升，同时在此过程中必须要在建设社会主义法治文化的基础上，树立法律权威，使得法律成为全体公民日常生活中自觉遵行的规范与指南。通过常态化的法治宣传教育，创设办事依法、遇事找法、解决问题靠法的良好环境，引导民众自觉抵制违法行为，自觉维护法治权威。③

---

① 习近平. 加快建设社会主义法治国家 [J] 求是，2015（1）：3-8.
② 中共中央文献研究室. 习近平关于全面依法治国论述摘编 [M]. 北京：中央文献出版社，2015：91.
③ 中共中央文献研究室. 习近平关于全面依法治国论述摘编 [M]. 北京：中央文献出版社，2015：90.

在全社会弘扬法治精神，促进全民守法，各级领导干部和国家公职人员以身作则是关键，立法执法司法等法律工作者严格依法办事是重点，全体公民自觉尊法学法守法用法是基础。其中，对于既具备特殊职业身份，又是中华人民共和国普通公民身份的国家领导干部与法律工作者而言，公民身份是他们担任各种国家公职的前提与基础，他们不仅需要在立法、执法、司法层面基于法律职业身份发挥重要的主体作用，同时作为公民之一员也要积极守法。因此，全民守法不分身份之差异，是中华人民共和国全体公民均应遵守的重要规范，也是构建法治社会的重要基石。

1985 年 11 月 5 日，中共中央、国务院批示转发了中央宣传部、司法部关于向全体公民普及法律常识的五年规划。1985 年 11 月，第六届全国人大常委会第十三次会议又通过了《关于在公民中基本普及法律常识的决议》。"普及法律常识"习惯上被简称为"普法"，由此开启了我国全民普法的工作格局。1990 年 12 月制定公布的"二五"普法规划的名称叫作《中央宣传部、司法部关于在公民中开展法制宣传教育的第二个五年规划》，开始使用"法制宣传教育"一词，普法工作的性质从"普及法律常识"拓展到"法制宣传教育"。无论是普法内容，还是普法对象、工作方式都发生了巨大变化。

1985 年以来，全国人民代表大会常务委员会先后通过了八个在全民中普及法律知识的决定，续实施了七个五年普法规划，当前正在推行第八个五年普法规划（表6-1）。

表6-1　八个五年普法规划

阶段	普法规划
"一五"普法 1986—1990 年	有 7 亿多公民学习相关初级法律知识
"二五"普法 1991—1995 年	96 个行业制定了详细的专业法律学习规划，组织学习了 200 多部专业法律法规
"三五"普法 1996—2000 年	30 多个省、自治区、直辖市结合普法活动开展了依法治理工作，95% 的地级市、87% 的县（区、市）、75% 的基层开展依法治理工作
"四五"普法 2001—2005 年	8.5 亿公民接受了各种形式的法治教育
"五五"普法 2006—2010 年	全国有 2.46 万人次省级领导干部、41.53 万人次地厅级领导干部参加了法制讲座，各级领导干部依法执政、依法决策意识和能力进一步提高
"六五"普法 2011—2015 年	以宪法为核心的中国特色社会主义法律体系、各项法律法规得到广泛宣传普及，全社会法治化管理水平进一步提高，法治宣传教育在全面推进依法治国、加快社会主义法治国家建设中发挥了重要的基础性作用
"七五"普法 2016—2020 年	
"八五"普法 2021—2025 年	

　　法治宣传教育的对象不仅具有广泛性与普遍性，还具有一定的针对性。全体人民群众是国家法治宣传教育的重点，只有使这些民众熟悉法律内容、了解立法精神，才能更好地引导其在法治轨道中按照法律规定办事，能够运用法律武器，在法律允许的范围内维护其合法权益。现代法治宣传教育不再只关注尊法本身，更关注人们运用法律保障自身权益的问题；政府从业人员只有树立科学的法治观念，自觉按照法律规定办事，才能为全社会形成良好法治氛围贡献一份力量。通过高覆盖率的培训活动，98% 以上的公务人员可每年学习法律知识，且课程量不低于 40学时。这对于即将进入国家机构从事国家公务的准从业人员具有重要意义。不仅如此，对于企业经营管理人员也应当积极组织相关法治宣传教

育培训活动，包括进行法律知识培训3 350万期，培训的人员数量约290多万人次。

我国始终强调将法律知识的识得与普及与全社会依法治理相结合相贯通，在地方社会广泛开展依法治省，开展地方法治城市与法治区县创建活动，通过上述活动促使法治社会建设理念有机融入地方建设、部门建设以及各个单位与个人日常生产工作与生活之中，不断提升全社会遇事找法、依法办事的水平，不断促进公民学法与办事用法相结合。

那么，如何在新时代使得法治宣传教育活动适应新形势，进而深入开展法治宣传教育？下文详细分析。

（1）准确把握法治宣传教育的基本定位。党的十八届四中全会通过的《中共中央关于全面推进依法治国若干重大问题的决定》明确指出，必须"坚持把全面普法和守法作为依法治国的长期基础性工作"。立法领域科学精准制定相关法律规范、执法领域严格遵照法律规范、司法领域公正判决遵循法律规范、守法领域全民遵守法律规范。科学立法是前提，但法律的生命在于运行过程中的具体实践。严格执法是关键，人民群众感受到法律公平正义方式的重要载体是司法机关的公正司法活动。公正司法是保障，只有人民群众学习法律规范、遵守法律规范，才能真正将法律精神渗透于千家万户。全民守法是基础，党的十八届四中全会深刻揭示了法治宣传教育对于全社会法治建设和发展的基础性和关键性地位，为未来进一步明晰法治宣传教育与法治国家建设之间的互动关系奠定了可靠基石。人们应当站在人类文明新形态发展的高度，准确定位法治宣传教育工作与个人、社会、国家的关系，持久开展法治宣传教育工作，充分发挥出法治宣传教育在当前社会发展过程中不可或缺的基础性作用。

（2）突显"法治宣传教育"的重大意义。过去的三十多年，我国一直采用"法制宣传教育"的概念。党的十八届四中全会第一次以党的最高政治文件形式，明确提出了"法治宣传教育"的概念和任务，实现了普法工作从"法制宣传教育"向"法治宣传教育"的转变。改革开放以来，我国在依法治国基本方略领域用20年实现了从"法制"向"法治"的转变，而在法治宣传工作领域，用了30年才实现这种转变。这种转变是我国法治宣传教育不断发展的重要体现与必然结果，也是法治宣传教育从法律规范本身的宣传教育逐渐走向关注人本身、关注法治理念、关注法律精神宣传教育的重要调整。我国当前的法治宣传教育既包括对具体制度层面的法律规范、法律条文的宣传教育，涉及立法、执法、司法与守法等法律实践各个环节的宣传教育，也注重法律精神、法治素养的养成，培育全体民众运用法律思维解决问题的能力。需要通过进行法治宣传教育，引导身处国家发展重点领域的领导干部这些"关键少数"运用法治思维，运用法治手段解决复杂的社会纠纷与问题，真正实现遇事找法、解决问题用法的社会目标。

（3）健全领导干部带头尊法学法守法用法、依法办事的制度。深化法治宣传教育应当抓住领导干部这些"关键少数"，坚持把领导干部带头尊法、学法、守法、用法作为重点，努力提高领导干部运用法治思维和法治方式解决问题的能力。应当健全领导干部任前法律知识考试制度，落实领导干部年度述法制度，完善领导干部法治教育培训制度，使之制度化、常态化和可持续实施。

（4）高度重视加强党内法规的宣传教育。党内法规是中国特色社会主义法治体系的重要组成部分，是管党的重要依据和建设社会主义法治国家的有力保障。由于党内法规制度在过去30多年普法规划中始终没有得到应有的重视，所以其也没有被纳为普法与法治宣传工作的重要内容。党的十八届四中全会提出将党内法规融入中国特色社会主义法治体系建设之中，因此党内法规的宣传教育成为新时代法治宣传教育的重要特色，应当加大对党内法规宣传教育的投入力度。

新时代应加强党内法规制度的宣传教育，从历史视野中汲取中国共产党在革命与建设、改革不同时期的党内法规宣传教育经验，促使新时代党员特别是领导干部牢固树立党章党规意识，牢固树立纪律意识和规矩意识，通过纪律约束、矫正行为偏差，增强通过党章党规规范自身言行的政治自觉。最终，通过党内法规制度宣传教育，可使党员群体政治信仰永不变色、政治立场与政治方向永不偏移，永葆自身先进性与纯洁性。其中，最为重要的就是加强党章宣传教育，这是党内法规宣传教育的重中之重。各级组织必须高度重视党内法规的宣传教育，将党内法规作为学习的重要内容，并将其列为党员领导干部进行述职与考核的重要考察内容。党委宣传部门要利用各种手段强化法治宣传教育力度，全方位宣传党内法规的重点内容，努力营造全党重视党内法规、学习党内法规、宣传党内法规与遵守党内法规的良好氛围。

（5）利用"互联网＋"技术推进法治宣传教育方式的升级换代。针对不同人群、不同诉求，不断创新法治宣传教育方式，是大势所趋。应当充分利用"互联网＋"技术，不断建立集约化、规模化的法治宣传教育网络平台。可不断探索全国性、地方性的法治宣传教育数据中心，并以此为基础建立法治宣传教育数据库平台，促进法治宣传教育资源共享。不仅如此，还可利用新型媒介手段，如微信、微博、微电影等易于传播且便捷的宣传教育手段，在全体社会民众之间构建法律信息数据传播共享实用平台，推动实时普法、实时学法与实时用法，同时充分发挥"互联网＋"的技术优势，促成具有创新特征的法治宣传教育大思路和宏观发展格局。应当建立一至两个全国性的法治宣传教育信息大数据互联网发布平台，由全国普法依法治理工作领导小组办公机构统一组织、协调富有经验的法学专家和法律实务专家制作和提供权威、准确的法律知识和法律技能培训服务产品，利用全国性法治宣传教育大数据平台的技术和产品优势，向全社会提供高质量的法律服务产品。应当充分利用公共图书馆、文化馆和网吧等场所，积极主动地向社会公众提供公共法律服务产品，不断满足社会公众对法律知识和法律技能的不同层次和种类的需求。

（6）加强对外法治宣传交流工作。党的十八届四中全会对全面推进依法治国若干重大问题提出具体要求，要求统筹国内法治与涉外法治相关内容，以法律手段维护国家主权、安全与发展利益，不断维护国家公民、法人和其他组织的正当权益。这也对我国法治宣传教育工作提出了新要求、新任务。法治宣传教育工作应当按照"走出去"的战略布局，利用"一带一路"的发展机遇，营造有利于实施"一带一路"倡议的法治环境，积极主动地利用各种宣传渠道，针对国外政治机构或者法学团体进行全面和系统的中国特色社会主义法治理论、法治道路、法治体系宣传和介绍活动，增进与我国开展政治、经济、贸易和文化往来和交流的外国组织和个人对中国法律制度和法治建设状况的了解，促进双边和多边的法律交流，同时开展以"一带一路"建设为核心的区域性或全球性法治系统工程，增强中国在国际法治价值创制和传播中的话语权。通过法治宣传教育的平台和机制，针对中国驻外企业、机构和中国公民开展多种形式的法治宣传教育活动，以维权为中心，为中国驻外企业、机构和中国公民建立完善的法律服务系统。

通过观察清代法律宣讲特点，能够得到这样的启示：宣传马克思主义，务必要在明确其精神实质的基础上，要以人民群众浅显易懂的语言表达出来。因此，在推进马克思主义大众化的过程中，要在时刻坚持马克思主义理论基本原理、基本观点的前提下，以人民大众易于接受、喜闻乐见的表达形式，将具有丰富深刻意涵的马克思主义理论资源进行中国式创造性转化，并通过通俗性的宣传与解读，恰当进行话语转换，缩短马克思主义理论与人民大众之间的距离，让所有的人民群众都容易接受、乐于接受。

党的二十大报告已经明确指出，全面依法治国是国家治理的一场深刻革命，关系党执政兴国，关系人民幸福安康，关系党和国家长治久安，必须发挥好法治固根本、稳预期、利长远的保障作用，在法治轨道上全面建设社会主义现代化国家。要坚持法治国家、法治政府、法治社会一体建设，全面推进科学立法、严格执法、公正司法、全民守法，全面推进国家各方面工作法治化。换言之，要促进国家法治高质量建设发展，实现全民守法目标，就必须不断完善并加强法治宣传教育在国家治理过程中的基础性作用。因此，要通过历史维度的思考探寻传统中国法治宣传教育的本土资源，创造性吸收与转化中华优秀传统法律文化中法治宣传教育的成功经验、汲取新民主主义革命、社会主义革命与建设时期法治宣传教育的优秀资源，进而通过创造性转化与创新性发展，为当前法治国家建设提供经验，最终引导全体人民群众坚定不移地做社会主义法治的忠实崇尚者、自觉遵守者、坚定捍卫者。不仅如此，还要尽力促使每个人尊重法律、学习法律、遵守法律、遇事用法。

参考文献

[1] 郑玄，贾公彦 . 十三经注疏：周礼注疏 [M]. 北京：北京大学出版社，1999.

[2] 班固 . 汉书 [M]. 北京：中华书局，2012.

[3] 李林甫，等 . 唐六典 [M]. 陈仲夫，点校 . 北京：中华书局，2014.

[4] 宋濂，等 . 元史 [M]. 北京：中华书局，1976.

[5] 雷梦麟 . 读律琐言 [M]. 李俊，怀效锋，点校 . 北京：法律出版社，2000.

[6] 申时行，等 . 明会典 [M]. 北京：中华书局，1988.

[7] 包世臣 . 齐民四术 [M]. 北京：中华书局，2001.

[8] 沈家本 . 寄簃文存 [M]. 北京：商务印书馆，2015.

[9] 薛允升 . 唐明律合编 [M]. 北京：法律出版社，1999.

[10] 沈之奇 . 大清律辑注 [M]. 北京：法律出版社，2000.

[11] 吴坤修，等 . 大清律例根原 [M]. 上海：上海辞书出版社，2012.

[12] 会典馆 . 钦定大清会典事例 [M]. 赵云田，点校 . 北京：中国藏学出版社，2019.

[13] 张婷 . 法律与书商：商业出版与清代法律知识的传播 [M]. 张田田，译 . 北京：社会科学文献出版社，2022.

[14] 酒井忠夫 . 中国善书研究 [M]. 刘岳兵，孙雪梅，何英莺，译 . 南京：江苏人民出版社，2010.

[15] 丛小平 . 自主：中国革命中的婚姻、法律与女性身份 [M]. 北京：社会科学文献出版社，2022.

[16] 毛泽东 . 毛泽东选集 [M]. 北京：人民出版社，1968.

[17] 邓小平 . 邓小平文选 [M]. 北京：人民出版社，1993.

[18] 《彭真转》编写组 . 彭真年谱 [M]. 北京：中央文献出版社，2012.

[19]　习近平. 论坚持全面依法治国 [M]. 北京：中央文献出版社，2020.

[20]　习近平. 习近平关于全面依法治国论述摘编 [M]. 北京：中央文献出版社，2015.

[21]　中央档案馆. 中共中央文件选集 [M]. 北京：中共中央党校出版社，1985.

[22]　《陕甘宁边区政权建设》编辑组. 陕甘宁边区参议会: 资料选辑 [M]. 北京: 中央党校科研办公室，1985.

[23]　张希坡，韩延龙. 中国革命法制史 [M]. 北京：中国社会科学出版社，1987.

[24]　张希坡. 革命根据地法制史 [M]. 北京：法律出版社，1994.

[25]　张希坡. 革命根据地法律文献选辑 [M]. 北京：中国人民大学出版社，2018.

[26]　韩延龙，常兆儒. 中国新民主主义革命时期根据地法制文献选编 [M]. 北京：中国社会科学出版社，1981.

[27]　韩延龙，常兆儒. 革命根据地法制文献选编 [M]. 北京：中国社会科学出版社，2013.

[28]　周振鹤. 圣谕广训: 集解与研究 [M]. 顾美华, 点校. 上海: 上海书店出版社，2006.

[29]　萧公权. 中国乡村：19 世纪的帝国控制 [M]. 张皓，张升，译. 北京：九州出版社，2018.

[30]　张海英. 明清史评论 [M]. 北京：中华书局，2020.

[31]　程丽红. 清末宣讲与演说研究 [M]. 北京：社会科学文献出版社，2021.

[32]　陈松长. 岳麓书院藏秦简（陆）[M]. 上海：上海辞书出版社，2020.

[33]　陈松长. 岳麓书院藏秦简（伍）[M]. 上海：上海辞书出版社，2020.

[34]　谢桂华，李均明，朱国炤. 居延汉简释文合校 [M]. 北京：文物出版社，1987.

[35]　甘肃省文物考古研究所. 居延新简释粹 [M]. 兰州：兰州大学出版社，1988.

[36]　王桂海. 汉代官文书制度 [M]. 南宁：广西教育出版社，1999.

[37] 戴建国 . 宋代刑法史研究 [M]. 上海：上海人民出版社，2008.

[38] 邓小南 . 政绩考察与信息渠道：以宋代为重心 [M]. 北京：北京大学出版社，
2008.

[39] 高柯立 . 宋代地方的官民信息沟通与治理秩序 [M]. 北京：国家图书馆出
版社，2021.

[40] 费正清，赖肖尔 . 中国：传统与变革 [M]. 陈仲丹，等译 . 南京：江苏人
民出版社，2012.

[41] 莫纪宏 . "总体法治宣传教育观"的理论与实践 [M]. 北京：中国社会科
学出版社，2016.

[42] 许章润 . 普法运动 [M]. 北京：清华大学出版社，2011.

[43] 邱澎生，何志辉 . 明清法律与社会变迁 [M]. 北京：法律出版社，2019.

[44] 徐忠明 . 众声喧哗：明清法律文化的复调叙事 [M]. 北京：清华大学出版社 .

[45] 官箴书集成编纂委员会 . 官箴书集成 [M]. 合肥：黄山书社，1997.

[46] 章开沅 . 清通鉴 [M]. 长沙：岳麓书社，2000.

[47] 马建石，杨育棠 . 大清律例通考校注 [M]. 北京：中国政法大学出版社，
1992.

[48] 黄书光 . 中国社会教化的传统与变革 [M]. 济南：山东教育出版社，2005.

[49] 杨一凡藏书馆文献编委会 . 古代乡约及乡治法律文献十种 [M]. 哈尔滨：
黑龙江人民出版社，2005.

[50] 林乾 . 治官与治民：清代律例法研究 [M]. 北京：中国政法大学出版社，
2019.

[51] 马建石，杨育棠 . 大清律例通考校注 [M]. 北京：中国政法大学出版社，
1992.

[52] 张海英 . 明清史评论 [M]. 北京：中华书局，2020.

[53] 牛铭实 . 中国历代乡规民约 [M]. 北京：中国社会出版社，2014.

[54] 强世功 . 法制和治理：国家转型中的法律 [M]. 北京：中国政法大学出版社，
2003.

[55] 赵之恒 . 大清十朝圣训 [M]. 北京：北京燕山出版社，1998.

[56] 陈元晖.高等教育:中国近代教育史资料汇编[M].上海:上海教育出版社, 2007.

[57] 李孝悌.清末的下层社会启蒙运动:1901—1911[M].石家庄:河北教育出版社, 2001.

[58] 刘秋阳.近代中国都市苦力工人运动[M].武汉:湖北人民出版社, 2008.

[59] 侯杰.《大公报》与近代中国社会[M].天津:南开大学出版社, 2006.

[60] 沈云龙.近代中国史料丛刊续编[M].台北:文海出版社, 1976.

[61] 杨永华.陕甘宁边区法制史稿:宪法、政权组织法篇[M].西安:陕西人民出版社, 1992.

[62] 中共中央党史和文献研究院.十九大以来重要文献选编（中）[M].北京:中央文献出版社, 2021.

[63] 张晋藩.中国古代官民知法守法的法律宣传[J].行政管理改革, 2020（1）: 4-15.

[64] 张瑞泉.略论清代的乡村教化[J].史学集刊, 1994（3）: 22-28.

[65] 高学敏.中国明清时期法律宣传对我国公众法律教育的影响和启示[J].理论界, 2014（4）: 173-176.

[66] 安娜,林建成.新时代开展法治宣传教育的新思考[J].思想理论教育导刊, 2019（8）: 50-54.

[67] 朱红林.战国时期国家法律的传播:竹简秦汉律与《周礼》比较研究[J].法制与社会发展, 2009, 15（3）: 119-125.

[68] 臧知非.秦"以吏为师、以法为教"的渊源与流变[J].江苏行政学院学报, 2008（4）: 124-130.

[69] 朱腾.秦汉时代律令的传播[J].法学评论, 2017, 35（4）: 182-196.

[70] 徐燕斌.汉简扁书辑考:兼论汉代法律传播的路径[J].华东政法大学学报, 2013（2）: 50-62.

[71] 徐燕斌.唐宋粉壁考[J].华东政法大学学报, 2014（5）: 145-153.

[72] 包伟民.中国九到十三世纪社会识字率提高的几个问题[J].杭州大学学报（哲学社会科学版）, 1992（4）: 79-87.

[73] 徐忠明.传统中国乡民的法律意识与诉讼心态：以谚语为范围的文化史考察 [J].中国法学，2006（6）：66-84.

[74] 徐忠明.从明清小说看中国人的诉讼观念 [J].中山大学学报（社会科学版），1996（4）：56-64.

[75] 侯欣一.清代江南地区民间的健讼问题：以地方志为中心的考察 [J].法学研究，2006（4）：150-160.

[76] 张仁善.传统"息讼"宣教的现代性启迪 [J].河南财经政法大学学报，2015，30（5）：16-24.

[77] 林乾.清朝法律的重构与国家治理效能的强化 [J].政法论坛，2022，40（2）：87-99.

[78] 陆尔奎.论普及教育宜先注重宣讲 [J].教育杂志，1909（1）：1-4.

[79] 王炳林.共和国成长之道：为什么能够实现从站起来、富起来到强起来的伟大飞跃 [J].当代世界与社会主义，2019（3）：33-39.

[80] 张勤.法律精英、法律移植和本土化：以民国初期的修订法律馆为例 [J].法学家，2014（4）：136-149，179-180.

[81] 陈子远.1918—1926年间的中国马克思主义法律观 [J].法治现代化研究，2018，2（5）：110-122.

[82] 杨扬.清朝前中期的法律宣讲与社会教化 [J].青海社会科学，2022(6)：180-189.

[83] 张伟明.中国国家博物馆藏《陕甘宁边区施政纲领》研究 [J].中国国家博物馆馆刊，2019（7）：140-147.

[84] 饶世权.党的早期法制宣传教育：1921—1927[J].重庆社会科学，2014（7）：82-87.

[85] 陈始发，李妍婷.中央苏区法制宣传教育研究 [J].中国高校社会科学，2018（5）：70-78，158-159.

[86] 陈始发.陕甘宁边区法制宣传教育探析 [J].马克思主义理论学科研究，2018，4（6）：134-144.

[87] 刘驰，马成.陕甘宁边区民主选举互动研究：以立法设计和新闻宣传为

契入点 [J]. 四川大学学报（哲学社会科学版），2016（5）：86-92.

[88] 张希坡. 革命根据地的财产继承法 [J]. 西北政法学院学报，1987（2）：73-77.

[89] 张宗铝. 尤溪新发现红军宣传标语 [J]. 福建党史月刊，2002（9）：31.

[90] 章武生. 司法 ADR 之研究 [J]. 法学评论，2003（2）：137-146.

[91] 汪世荣，刘全娥. 黄克功杀人案与陕甘宁边区的司法公正 [J]. 政法论坛，2007（3）：126-134.

[92] 杨丽萍. 新中国成立初期上海贯彻婚姻法运动 [J]. 中共党史研究，2006（1）：110-114.

[93] 付子堂. 坚持党的领导是推进全面依法治国的根本保证 [J]. 现代法学，2021，43（1）：3-8.

[94] 段来. 从法制教育到法育：论法育的三个维度 [J]. 国家教育行政学院学报，2014（12）：47-51.

[95] 靳玉军. 加强青少年法治教育的若干思考 [J]. 教育研究，2015，36（4）：57-60.

[96] 马奇柯. 法治扶贫 我们在行动：关于深入推进法治扶贫的调研报告 [J]. 红旗文稿，2019（22）：8-10.

[97] 朱大敏，朱文根，郭肖肖. "精准普法" 的理论与实践 [J]. 中国司法，2014（5）：19-21.

[98] 魏志荣，李先涛. 基于大数据的精准普法探析 [J]. 中国司法，2019（2）：28-32.

[99] 徐曼. 清代意识形态宣教途径及特点 [J]. 河南师范大学学报（哲学社会科学版），2009（6）：113-116.

[100] 徐中玉. 明初法律宣教制度研究 [D]. 昆明：云南财经大学，2017.

[101] 裴文玲. 清末新政社会教育述论 [D]. 济南：山东师范大学，2000.

[102] 葛晋平. 中共在抗日根据地局部执政的成功实践 [D]. 太原：山西大学，2008.